河出文庫

時代劇は死なず！ 完全版
京都太秦の「職人」たち

春日太一

河出書房新社

目次

第二章　大映・勝プロの葛藤　73

第四章　東映の転身 211

時代劇は死なず！　完全版

京都太秦の「職人」たち

はじめに――太秦前史

太秦《うずまさ》は京都市の西部、右京区の一帯の地名で、近くには嵐山、嵯峨野といった風光明媚な観光地がある。太秦というと、多くの方が太秦映画村、つまり東映京都撮影所を思い浮かべることだろう。しかし、太秦には現在でも東映の他に松竹撮影所が稼働しており、また二十数年前までは大映の京都撮影所もあった。つまり太秦には三つの撮影所がひしめき合っていたのである。本書は、その三撮影所の人間たちが、邦画産業が壊滅的になった一九七〇年代前後の〈斜陽期〉をいかにして乗り切っていったのかを追うものである。

ここではその前段階として、東映、大映、松竹という三撮影所はいかにしてできあがっていったのか、その概略を簡単に説明してみたい。

そもそも日本映画は京都で発祥している。一八九七年、シネマトグラフの開発者・フランスのリュミエール兄弟から機材と興行権を譲り受けた稲畑勝太郎《いなばたかつたろう》が、京都・四条河原町付近にあった京都電燈株式会社の庭で映写実験をしたことが、日本初の映画上映となったのである。

続いて一九一〇年、稲畑から興行権を譲り受けた京都の興行主・横田永之助率いる横田商会が京都で初めての撮影所＝二条城撮影所を開設、本格的な映画製作が開始される。ここでは〈日本映画の父〉と呼ばれることになる映画監督・牧野省三と〈日本最初の映画スター〉尾上松之助の『忠臣蔵』が製作され、一二年に法華堂《ほっけんどう》撮影所に移転してからは両者のコンビで〈三日に一本〉というハイペースで忍術映画が製作されていった。

同年、横田商会をはじめ吉沢商店、福宝堂、エムパテー株式会社という東西の四大映画会社が経営統合され日本活動写真株式会社＝日活が誕生している。日活は一九二三年に京都・大将軍に撮影所を移転、その規模を拡充している。また同年、関東大震災により蒲田《かまた》撮影所が使えなくなった松竹が下加茂撮影所を開設、また同様にして壊滅した日活の東京向島撮影所からも溝口健二、稲垣浩が移ってくる。これを契機に京都は日本の映画製作の中心地となり、撮影所が林立していった。

太秦に初めての撮影所が建てられたのは一九二六年のこと。当時、太秦は京都市外で、葛野《かどの》郡太秦村と呼ばれる竹藪に覆われた集落だった。それを切り開いて撮影所を開設したのは、『雄呂血《おろち》』などの名作で知られる時代劇スター・阪東妻三郎だった。

彼は前年に自らプロダクション（阪妻プロ）を立ち上げていた。この阪妻プロの撮影所はその後、松竹→帝国キネマ→新興キネマ→大映（第二撮影所）と目まぐるしく経営母体を変えていく。戦後になってからは、東急資本の新興会社・東横映画が大映から借り受けることになる。

そして一九五一年、東横映画は経営不振から太泉映画、東京映画配給と統合、新たに東映が誕生すると、撮影所は東映京都撮影所と名称を変更する。その後、会社の躍進に合わせて大映から撮影所を買い取り施設を拡充、京都最大の規模を誇る〈東映城〉になっていった。

一九二八年、阪妻プロに続いて日活も京都・大将軍から太秦に移転、現代劇部門・時代劇部門を併せ持つ当時日本最大の撮影所を開設している。ここでは伊藤大輔をはじめ溝口健二、山中貞雄、内田吐夢《とむ》、田坂具隆《ともたか》ら映画界を代表する監督たちがメガホンをとり、日本映画史上に残る数多くの名作が製作された。四二年、映画の戦時統制に伴い日活、新興キネマ、大都映画が合併して大映（大日本映画製作株式会社）が誕生すると、名称は大映京都撮影所に変更、そのまま戦後へと至る。

一九三〇年代に入り、映画はそれまでのサイレント（無声）からトーキーへと技術革新が求められるようになる。そうした中、牧野省三の子・マキノ正博（雅弘）はマキノ・トーキー製作所を太秦に開設、時流に乗ろうとする。が、経営は上手くいかず、いくつかの変遷を経て四〇年に松竹が買収、松竹太秦撮影所と名称が変更された。ここでは戦時中に溝口健二監督の『元禄忠臣蔵』が撮影されるなど、時代劇製作に意欲を見せている。

こうして、太秦には大映、東映、松竹の三撮影所がそれぞれシノギを削ることになる。

東映は片岡千恵蔵、市川右太衛門の〈両御大〉を中心に中村錦之助（萬屋《よろずや》錦之介）、大川橋蔵らの錚々たるスターを並べた時代劇を量産、一九五六年に五〇億八六八三万円という邦画界の年間配収記録を打ち立てると、着々と製作本数を増やし六〇年には年間一〇〇本を製作、毎年のように年間ナンバーワンヒット作を生み出すなど、映画興行界を牽引していく。

一方の大映は一九五一年に黒澤明『羅生門』がヴェネチア国際映画祭のグランプリを受賞したのを皮切りに、吉村公三郎『源氏物語』（五二年カンヌ撮影賞＝杉山公平）、溝口健二『雨月物語』（五三年ヴェネチア銀獅子賞）、『山椒大夫』（五四年ヴェネチア銀獅子賞）、衣笠貞之助『地獄門』（五四年カンヌグランプリ）と数多くの国際映画祭受賞作を相次いで製作、日本映画の格調を上げていった。

松竹は一九五〇年に下加茂の第一撮影所が火事で消失すると、太秦の第二撮影所が第一撮影所に昇格、ステージの整備・拡充が行われ、五七年には年間第八位のヒット作『大忠臣蔵』が製作されるなど、多くの娯楽性豊かな時代劇が作られていった。

時代劇黄金期と呼ばれる一九五〇年代、太秦の三撮影所はいずれも未曾有の活気に沸いていた。

しかし、一九六〇年代に入ると状況が一変する。一九五七－六〇年には一〇億人を超えていた映画人口は、翌六一年に三〇〇〇万人の減少、さらに六三年には半分の五億人、六七年には三億人へと急降下していった。特に時代劇の興行不振は大きく、経営に苦しむ各社の間では時代劇不要論＝太秦不要論が囁かれ始める。時代劇映画の製作本数も六〇年には各社合計で一六八本だったのが、わずか二年後の六二年には七七本、六六年には一五本まで落ち込んだ。間違いなく時代劇は消える。当時、誰もがそう思っていたに違いない。

しかし、時代劇は、そして太秦は生き残った。現在も太秦は動き続けているのである。

それでは、太秦のスタッフたちはいかにしてこの危機的状況を克服し、現在に時代劇の灯を点《とも》し続けていったのだろうか。

第一章　東映時代劇、テレビへ

輝けるスターたち

東映京都撮影所。

二条城をモデルにした実物大の大手門や五四万リットルの水を貯えた外堀を備える〈東映城〉をはじめとする広大なオープンセット、一九を数えるスタジオ、一七〇〇平方メートルの馬術練習場、そして綺羅星のごとく並んだスターたち。片岡千恵蔵、市川右太衛門、中村錦之助、大川橋蔵、大友柳太朗……。その強力な製作態勢とスターのローテーションから生み出される時代劇は毎年七〇本前後を数え、一九六〇年には一〇〇本を超える。

千恵蔵のいれずみ判官《はんがん》、右太衛門の旗本退屈男、錦之助の一心太助、橋蔵の葵新吾……。

東映時代劇の魅力、それはとにもかくにも、スターたちの演じるスーパーヒーローの美しさであり、爽快で華麗な立ち回りにあった。

この明るい様式美の世界が観客を魅了し、一九五〇年代後半には圧倒的な隆盛を迎えていた。五五年から六一年まで、五七、五八年を除く毎年の配収成績の一位は東映時代劇であり、五九年には全邦画の興行収入の三分の一を稼ぎ出す。

東映時代劇は日本映画界の頂点に君臨していた。

「そりゃもう、東映京都撮影所いうたら、スターシステムの権化ですよ」

と豪快に笑い飛ばすのは、入社以来五〇年、東映京都撮影所の前線に立ち続けた高岩淡《たん》・元東映相談役である。当時の撮影所には、東映の重役でもある時代劇スター、千恵蔵（山の御大）、右太衛門（北大路の御大）の〈両御大〉を頂点とする〈一座〉が形成されていた。彼らが歌舞伎、日本舞踊といった伝統芸能の出身であるため、徒弟制度がそのまま持ち込まれたのである。

〈両御大〉に対しては名前すら呼ぶことができない。千恵蔵先生、右太衛門先生などと言ったら、クビになることもあったという。撮影所長はスターに頭が上がらず、監督は座付き作家、プロデューサーは付き人として扱われることもあった。〈両御大〉にならったのか、錦之助、橋蔵ら若手も一座を形成、撮影所でのスターの存在感、発言力は絶対のものになっていた。

「学校出て初めて京都に来たときは、戦前やのうて江戸時代に戻ったと思ったな」（高岩）

そんな撮影所だから、映画の企画もまた、まずスターありきで考えられ、彼らをどう魅力的に見せるか、何よりもそれが優先された。プロデューサーはスターごとに割り当てられ、そのスターのための企画だけを考えていったのだった。

一九五八年の入社以来、京都の企画部でプロデューサーをしていた松平乗道《のりみち》によれば、当時の企画方針は以下のようなものだったという。

まず第一に片岡千恵蔵、市川右太衛門、中村錦之助、大川橋蔵、大友柳太朗ら主演スターを中心に一人平均六本という形で年間の番組スケジュールが組まれる。その上で、特に興行の重点が置かれる週には強力なものをということで、正月、お盆にはオールスター映画を、ゴールデンウィーク（五月の連休週間）、シルバーウィーク（一一月の文化の日前後）には〈半舷上陸《はんげん》〉としてセミ・オールスター映画を、とスケジュールに予め入れられていく。そして、その間の週を〈ここは錦之助〉〈ここは橋蔵〉とスターの番組が決まる。その上で、準備期間も含めて年間の製作スケジュールが立てられた。

〈何をやるか〉ではなくて〈誰がやるか〉、つまりスターのローテーションに合わせて企画が立てられていったのである。そして、その中で〈ここの錦之助モノは何をやるか〉といった具合にバリエーションがつけられていった。

そこではすべてがスターを中心に回っていた。スタッフは皆、そのスターのために動く。スターありきの映画、スターをいかに美しく格好よく見せるか。その魅力によって観客を呼び、満足させる。それが東映時代劇だった。

大衆娯楽主義

東映時代劇の主人公は基本的に白塗りの正義のヒーローであり、敵味方、善悪がはっきりと二分されている。画面は彼らの美しさが引き立つように、どこまでも明るい。立ち回りは華麗な様式美を見せるものになっていて、それはスターたちの出身母体である歌舞伎や舞踊の流れを汲《く》むものだった。

それは当時の台本からも伝わってくる。東映映画の台本は必ず冒頭に「製作意図」が書かれていて、それを読めば作品の目指す雰囲気や製作者の狙いが分かる。

代表的なものを並べてみると――。

「御馴染《おなじ》み、殿さま弥次喜多の珍道中　笑いとサスペンスの織りなす、痛快極まる活躍ぶりを軽妙なタッチで描き、新春に贈るにふさわしい明朗娯楽篇を製作したい」（60・『殿さま弥次喜多』主演・中村錦之助）

「御存じ、粋で、いなせな若さまが、明るいムードの中で名推理を展開する、決定版若さま侍捕物帖として製作したい」（60・『若さま侍捕物帖』主演・大川橋蔵）

製作サイドが目指すものは「明朗」「御存じ」「軽妙」ということだった。

それは当時の製作統括者・マキノ光雄の指示によるものだ。マキノの考えは実に明快なもので、東宝、松竹などの大手他社が山の手ホワイトカラー層なら、東映は浅草のブルーカラー。向こうが東京ならこっちは関西といった具合に、下町や地方の観客を基準に映画の企画、製作をしていた。そして、そうした客層に受けるように、明朗にして勧善懲悪のヒーロー時代劇という大衆娯楽路線が徹底されていったのである。

〈ご家族そろって東映映画〉

それが当時のキャッチフレーズだった。

このマキノイズムが功を奏して、東映時代劇は当時の映画興行界を独走していく。

そして一九六二年正月。五九年から三年連続で年間トップの配収を稼ぎ出してきた東映の正月映画は、錦之助主演の『若き日の次郎長 東海道のつむじ風』。六一年の『宮本武蔵』でアイドルから脱皮したトップスターによる磐石のプログラム、まさに「新春に贈るにふさわしい明朗娯楽」……のはずだった。

黒澤ショック

しかし、時代は思ったより早く移り変わっていた。

その前年、一九六一年の夏に東宝の黒澤明監督作品『用心棒』が公開されたのである。

主人公には正確な名前はない。街は二組のヤクザの抗争により荒廃、殺戮が繰り返され、ゴーストタウンと化していた。そして砂塵の中から現れる髭面の素浪人。薄汚く豪放無頼、単なる正義漢ではない権謀術策に長《た》けたアウトローの主人公。型通りでない一癖も二癖もある脇役。

互いに腹を探り合い、策略を読み合うドライな人間関係。

善対悪の単純な構成ではない、目的遂行へ向けたサスペンスフルな展開。

人を斬る効果音を用いた〝痛み〟の伝わる殺陣。

描線の濃いリアルな迫力にこだわった演出。

それは、この年から独立プロダクションを興した黒澤明が勝負に出た娯楽大作だった。

西部劇やギャング映画、ノワール映画のようなスタイリッシュさと野性味。そして荒々しいアクションとショッキングな描写。この刺激あふれる「現代的なアクション時代劇」の登場により、旧態依然とした歌舞伎、舞踊の流れを汲む「明朗」「軽妙」な東映時代劇はあっという間に色あせてしまう。

が、そのことにまだ東映は気づいていなかった。

一九六二年正月。錦之助の次郎長映画という東映鉄板の企画に、東宝は『用心棒』の続編『椿三十郎』をぶつけた。結果は圧倒的だった。『椿三十郎』の配収は一八億円、対する『東海道のつむじ風』は一一億円。観客は「軽妙」な「明朗娯楽」の世界を捨て、より刺激の強いアクション時代劇を求めたのだった。

それは時代劇そのもののありようをも変えてしまう革命だった。

同じ年、大映では勝新太郎が盲目のヤクザを演じる『座頭市物語』や忍者の非情な世界をリアルに描いた市川雷蔵の『忍びの者』が製作されヒットを記録、シリーズ化している。また松竹でも『切腹』を製作、カンヌ映画祭で審査員特別賞を受賞した。さらにテレビ界でも、一九六三年、黒澤に烈しいライバル心を燃やすフジテレビのディレクター・五社英雄による『三匹の侍』が放送され、大ヒットを記録した。時代劇は様式美の世界から「迫力あるアクション」へと大きく脱皮していった。

そうした中でも、六二年の東映は『さくら判官』（主演・片岡千恵蔵）、『酔いどれ無双剣』（主演・市川右太衛門）などの旧態依然とした時代劇を量産していた。が、興行的に目立ったものはなく、観客動員を落としていった。大友柳太朗によるヒットシリーズの最新作『丹下左膳・乾雲坤龍《けんうんこんりゆう》の巻』（監督・加藤泰《たい》）に至っては、まったくの不入りで打ち切りになっている。全盛期では考えられなかった話だ。その一方でラインアップの中に『任俠東海道』など、かつてのヒット作の再上映が目立った年でもある。企画は枯渇し、興行的にはジリ貧状態に陥っていった。

それだけではない。高齢化した〈両御大〉からは全盛期の輝きは失われ、頼みの錦之助、橋蔵は発言力を増し、興行を無視して『ちいさこべ』『天草四郎時貞』などの文芸路線に走って不入りを連発した。

たった一年で、東映時代劇は危機的状況を迎えていた。

東映時代劇の変革

そうした中で、一九六三年、時代劇盛り返しの指示を受け、企画部次長として渡邊達人が東京本社から派遣された。

リアリティのある殺陣、それが渡邊にとっての東映時代劇復権の切り札だった。

「作品にリアリティがなくなり、絵空事になったこと」、特に「殺陣が舞踊化して迫力がなくなったこと」こそが東映時代劇の危機の原因と渡邊は考えていた。

「時代考証を基にしたストーリーを作り、新しい殺陣を考案する！」

さらに、人気、パフォーマンスともに下降線を辿っていた片岡千恵蔵、市川右太衛門を伸び悩む若手と組ませることで、集団の力によって人気を保持しようとした。加えて、「準主役は今までにない雰囲気の俳優を」と、西村晃《こう》、佐藤慶、内田良平ら時代劇に染まらない現代的雰囲気の新劇系俳優を大役に据え、新風を吹き込ませていった。

明朗、軽妙の〈情の世界〉を捨て、リアルな任務遂行劇の〈理の世界〉を。スターに頼らない集団の魅力の時代劇を――。

そのために渡邊は、監督には工藤栄一、倉田準二、長谷川安人、脚本には池上金男（池宮彰一郎）、野上龍雄、高田宏治ら、当時のメイン路線から外れていた若手を次々と抜擢していった。そして、当時のスターシステムの東映時代劇に不満を抱いていた彼ら若手スタッフたちは、ラディカルな時代劇作りを見せ、渡邊の期待に応える。

こうして作られていったのが「集団時代劇」だった。

その第一弾が『十七人の忍者』だ。ハリウッドの大作映画『ナバロンの要塞』をヒントに企画を生み出した渡邊が、当時不遇だった池上金男に脚本を書かせた、息詰まるサスペンスが連続する攻城アクションである。その出来の良さに自信を深めた渡邊は、矢継ぎ早に第二弾『十三人の刺客』を企画する。今度は第一次世界大戦の引き金となった暗殺事件・サラエヴォ事件をヒントに、黒澤明脚本の『荒木又右衛門 決闘鍵屋の辻』を下敷きにした暗殺任務の遂行劇になっており、これも同様に池上に脚本を書かせた。

当時の台本に書かれた「製作意図」からは、渡邊の目指した「集団時代劇」への思い入れが伝わってくる。

「スリルとサスペンスに充ちた痛快なアクションドラマ！」（『十七人の忍者』）

「雄大なる構想、巧緻を極めた展開、凄絶な死闘『十七人の忍者』につづくサスペンス・アクション路線の巨弾として製作し、時代劇に輝かしい一大金字塔を打ち建てたい」（『十三人の刺客』）

「明朗」「軽妙」が消え、変わって「アクション」「サスペンス」といったキーワードが際立っているのである。

こうした流れを体現しているのが『柳生武芸帳』シリーズだろう。このシリーズは、もともとは渡邊が「新しい剣の魅力の時代劇を」と、当代随一の剣豪スター・近衛十四郎《このえじゅうしろう》を主演に始めたシリーズだった。が、それはあくまでも従来の東映時代劇の枠内のヒーローものであった。それが「集団時代劇」が開始された一九六三年に製作された第八作『片目の忍者』で一変する。無数のマシンガンで装備された難攻不落の砦を攻略するために、近衛扮する柳生十兵衛以外の六三人の忍者たちが次々と自爆していくのである。

こうした「集団時代劇」には、それまでのような貴公子的ヒーローはいない。政治抗争の中で、夢も理想もなく、ただ命じられた目的の遂行のために凄惨な死闘を繰り広げる無名で等身大の人間たちの生々しいドラマだった。その一方で、壮麗な「東映時代劇」は姿を消していく。

が、東映のこの路線は、作品的評価はともかくとして興行的には失敗を重ねた。そして一九六四年、東映は前年比一三億円の減収となる。

〈家族そろって東映〉から〈男の東映〉へ

その一九六四年に東映京都撮影所長になったのが岡田茂だった。

岡田は東映入社後、京都撮影所の製作畑で活躍。その後、東京撮影所長として石井輝男、深作欣二、佐藤純彌ら若手監督を登用したギャング映画や『人生劇場　飛車角』などの任俠映画を成功させ、成果をあげていた。そんな岡田の次なる課題が京都撮影所の立て直しだった。

岡田は撮影所の大改革に臨んでいった。まず片岡千恵蔵、市川右太衛門の〈両御大〉の専属契約を破棄する。製作本数は年六〇本、予算はモノクロで一本三〇〇〇万円、カラーで四五〇〇万円に大幅に削減された。予算の締め付けは脚本製作にも及ぶ。通常、脚本執筆にあてられたのは京都中心部の旅館だったが、太秦の東映独身寮で執筆するケースも出てきた。当時、企画部長の渡邊がその寮に住んでいたことから、移動の手間も省け進行の管理も容易になったし、それ以上に会社の寮の空き部屋を使うわけだから、旅館代が浮くことになり、安上がりですんだのである。

そして、岡田は時代劇一辺倒だった京都撮影所のプログラムを一新した。

東映の脚本作りには、大衆娯楽を志向するマキノ光雄の教えで〈泣く・笑う・（手に汗）握る〉の三要素を必ず入れる伝統があった。岡田はそれにもう一つ新しい要素を加えたのである。

それが〈のぞく〉だった。

つまり、禁断の世界をのぞき見る、任俠映画である。

急速なテレビの普及で女性・子供層をお茶の間のテレビに奪取されたとして、〈ご家族そろって東映映画〉の看板を降ろし、テレビからこぼれた成人層に狙いを絞った企画を中心に据えたのである。黒澤時代劇や残酷ドキュメント、マカロニウェスタン、ピンク映画の成功でも明らかになった刺激を求める嗜好に応えるべく、路線を大きくシフトしていった。

しかも、ヤクザの世界は狭い世界で、規模も限られたもの。そのため製作費もかからず、きわめて経済的にすまされる利点がある上に、シリーズ化も容易。東映の危機を救うには〈任俠映画〉は打ってつけだった。

「ナベさん、時代劇は諦めよう」

岡田に打ち明けられた渡邊達人は、その提案を受け入れる。

「それは残念でしたよ。なにも全部やめる必要はないのではないか、と。でも大きく当たらないと主張できないですから。それほどに会社自体が追い込まれていました。それに当たるものを出さないといけなかったんです。集団時代劇ももう少し時間があればよかったんですけど、京都撮影所は東映の心臓ですから、あまり遊んではいられなかったのです」（渡邊）

渡邊は「将軍と幕僚の関係」と自ら言うコンビネーションを岡田と築き、任俠映画路線を推進させていく。

こうして、メイン路線では鶴田浩二や高倉健がドスを片手に血みどろの立ち回りを見せるようになっていく。一九六四年七月に『博徒』、八月のお盆には『日本俠客伝』、さらに六五年正月映画には『博徒対テキ屋』と、重要な興行週間に岡田は任俠映画を配していった。

一方で、時代劇は脇に追いやられる。

任俠映画だけでは男性客は満足しないと考えた岡田は、添えものとしてもう一つ新しい路線を開拓しようとする。

「〈男の世界〉をのぞき見」の次は「〈女の世界〉をのぞき見」。

そこで目をつけたのが「大奥」だった。大奥といえば将軍以外の立ち入りを許されない男子禁制の女の園。男性客の刺激を満足させるにはピッタリの舞台である。岡田自ら『大奥㊙物語』というタイトルを付けて下世話な好奇心を煽っていく。

この作品を任されたのが岡田の懐刀・翁長《おなが》孝雄だった。岡田に命じられて大奥の世界を調べ、そこに渦巻く数々の人間ドラマを目にした翁長は、「これぞまさに過去の㊙の世界」と企画に確信を持つ。

が、その一方で、「これはエログロの話にしては当たらない。文芸的な装いでないとダメだ」と、単なる下世話な映画ではなく、キチンとしたドラマとして仕上げる決意を固める。そのため、当時は企画課長としてスケジュール管理や団体交渉を専らにしていた翁長は、自らプロデューサーも兼任して指揮をとることにした。

翁長の熱意の甲斐もあり、男性だけでなく女性客にも支持されて映画は大ヒットする。気をよくした岡田は、この「女の園をのぞき見る」路線をエスカレートさせていく。『くノ一化粧』といったお色気映画がこれに続き、路線は大きく転換、やがてそれは鈴木則文監督の『温泉芸者』シリーズや石井輝男監督の「異常性愛もの」へと結実していく。

「きらびやかな元禄時代――泰平を装うその仮面の下で喘ぎ、もだえ、挑み合う人間のセックス。その凄まじさと哀しさを描いて、昭和元禄に酔う現代の人々に問いかける性愛路線第四弾!!」(69・『元禄女系図』)

こうした製作意図を読んだだけでも、岡田新路線の雰囲気が分かっていただけると思う。「明朗」「軽妙」から「サスペンス」を経て「セックス」へ。〈家族そろって〉の東映は〈不良性感度〉映画、それが岡田の出した答えだった。

〈男の〉東映へと変貌した。

ベテランはテレビへ

一九六八年、興行収入の新記録をマークする東映直営・契約の映画館が相次ぐなど、岡田新路線は大成功を収め、映画大手各社が苦戦を強いられる六〇年代後半にあって東映京都撮影所は活況を取り戻す。

その一方で、新路線に馴染めない時代劇スタッフ、キャストも数多く生まれていった。

特に時代劇に深い愛着を持つベテランたちにその傾向は強かったようだ。オールスター時代劇を支えた松田定次監督やエース格の沢島忠監督、〈撮影所の天皇〉と呼ばれ東映時代劇のカラーを決定付けた脚本家・比佐芳武ら京都撮影所の中核的な存在が東映を離れ、他のベテランスタッフたちも不満を燻らせていた。

撮影所の余剰人員になってしまった彼らの受け皿作りもまた、急務であった。

おりしも、東京オリンピックを前後してテレビ受信契約台数は一〇〇〇万台を突破し、放送業界は急激な産業拡大期を迎えつつあった。テレビ界にとって製作力の補充は大きな課題だった。岡田はそこに目をつけた。時代劇のプロフェッショナルたちをテレビに送り込もうというのである。

こうして一九六四年、東映京都テレビプロダクションが設立される。

多くの時代劇スタッフたちが、東映京都テレビプロダクションへと出向していった。その中には監督では河野寿一《としかず》、佐々木康、脚本では結束《けっそく》信二といった東映時代劇の隆盛を築き上げたベテランの手練《てだれ》たちが顔をそろえていた。彼らにしてみれば、それは、いまでいう「合理化」としかとれないものだった。

そんな彼らにかつての同僚が救いの手を差し伸べる。上月信二《こうづきのぶじ》。遡ること一年前、東映がその栄華を謳歌していた一九六二年に、開局されたばかりのテレビ局・NET（現・テレビ朝日）に出向させられていたプロデューサーだ。

そして「合理化」スタッフたちと「左遷」プロデューサーが、流れ着いたテレビという新大陸にフロンティアを見出していく。

東映のテレビ戦略

一九五六年、日本映画製作者連盟に加盟する邦画大手五社、松竹、東宝、大映、東映、新東宝は五社協定を締結。映画作品のテレビへの貸し出しを禁止、専属俳優のテレビ出演を許可制にするなどの申し合わせを行った（翌年に日活が参加、六社協定に）。それは、五三年の放送開始以来、急激な成長を続けるテレビ産業に対しての統一戦線であった。

一九五九年、民放は三八社に増え、東京ではフジテレビとNETが開局している。ここで特筆すべきは、フジテレビには東宝、松竹、大映が、またNETには東映が資本参加していることだ。「五社協定」によってテレビを封じ込める一方、映画産業はしたたかに共存共栄の道を図っていた。

特に東映の動きは目覚ましく、アメリカ視察でテレビが映画を凌駕するさまを目の当たりにした大川博社長が、帰国後すぐにテレビ業界への積極的な参入を早々と打ち出し、NETに資本参入している。しかも、他社がまだ資本参入のみという段階に留まっている中、製作にも積極的に参加、専門のセクション＝東映テレビプロダクションを作ってテレビ映画の製作に乗り出している。その中で京都では『風小僧』が製作され、それなりの成果をあげていた。

が、翌一九六〇年に「日本映画界の総収入の三分の二は、東映一社がもらう」という大川の大号令で第二東映が設立されると、京都撮影所にはテレビ製作に回す人材もスタジオも限りがあり、その年の『白馬童子』を最後にテレビ時代劇の製作を打ち切っている。

一方、開局間もないNETにはプロデューサーが足りず、そこで東映京都撮影所で脚本担当のプロデューサーをしていた上月信二に白羽の矢が立った。一九六二年正月のことだ。当時、時代劇全盛の京都撮影所から開局間もないNETへの出向は、決してめでたい話ではない。が、上月はそれをネガティブにとらえることはなかった。

「当時はテレビ＝左遷だととらえていた方がほとんどでした。でも、ボクは新天地だと思っていました。だから送別会もやらなかったんです。本編（劇場用映画）に負けないものを作るという気構えでした。どこに出しても恥ずかしくないものを作るぞ、という」

そして、その上月が今度はNETのプロデューサーとして京都に向かうことになる。かつての仲間たちの苦境を救うために。

フロンティア・スピリット

東映がNETに資本参加していたことから、東映京都テレビプロはNETの番組を専らに製作することになる。そして、上月はNETの担当プロデューサーとして、再び東映京都撮影所を訪ねることになった。

上月は「新天地」たる意気込みをもって、スタッフたちを前にこう宣言した。

「遠慮することはねぇよ。アンタらのやりたいようにやってくれ」

「東映の制約は外してやっていこう」

上月は元同僚たちの苦境をよく理解していた。その言葉にスタッフたちの士気も大いに上がる。そして、上月自身、率先して「東映の制約」に挑戦していく。そこでまずこだわったのが、配役である。それは東映の象徴ともいえるスターシステムへの反逆でもあった。

第一回作品となったのが『忍びの者』（64）。当時、ヒットしていた市川雷蔵の映画に乗った企画だ。東映サイドは、いかにもスターシステムの会社らしく名のあるスターを起用することを希望。といってギャラの安いテレビでの時代劇に看板スターの錦之助、橋蔵は出演させられない。そこで東映が持ちかけたのが東千代之介だった。が、スターとしての峠を過ぎていた千代之介は腹が出ており、「忍び」の役には無理があった。上月はこれを突っぱね、第二東映の俳優だった品川隆二を抜擢する。

「人気云々じゃなくて、役に合っている俳優かどうかを見きわめるのがプロデューサーの原点なんですよ」（上月）

上月の心意気に、脚本の結束信二もまた燃える。時代劇に強いこだわりを持つ結束にとって、任侠映画一辺倒になりつつあった新路線は馴染みにくいものであった。その一方で、テレビという「新天地」には何でもやれる自由があった。ここでなら、自分の理想とする時代劇を存分に作ることができる……。

結束もまた、上月とともにテレビに賭ける決意を固めた。それはもはや「左遷」ではない。「新天地」への旅立ちだった。

結束は上月に、以下のように語ったという。

「俺はもう劇版（映画）は、やらないから。テレビだけでやっていくから、頼むでぇ」

そこにはテレビ時代劇の先駆者として、一度は滅びた東映時代劇の新たな地平を切り開いていこうという気概＝フロンティア・スピリットが息づいていた。そして、その強い思いのぶつかりあいが、新たな時代劇の歴史を築き上げることになる。

『新選組血風録』

『忍びの者』を一応の成功に導いた上月だったが、連続ドラマではシリーズの途中から見始めた視聴者には分かりにくいという反省があった。そこで一話完結の原作を探していた上月が出合ったのが、司馬遼太郎の『新選組血風録』だった。隊員一人一人のエピソードを追う一話完結のアンソロジーとしての魅力と、新選組サーガとしての連続ドラマの魅力を併せ持ったこの原作に上月は強く魅かれた。

だが、司馬は首を縦には振らなかった。東映ではやってほしくない。それが司馬の考えだった。すでに一九六三年に東映はこの『新選組血風録』を映画化していた。タイトルは『新選組血風録　近藤勇』。市川右太衛門扮する近藤勇が豪剣を振るいまくる勇壮なチャンバラ時代劇だった。これに司馬は激怒していた。「新選組を動かしていたのは近藤ではなく土方」だという自身の原作での解釈が完全に無視されただけでなく、無名の隊員たちのドラマを書いたはずが、近藤勇＝右太衛門によるヒーロー時代劇になってしまっていたからだ。

対して、上月は原作を曲げないことを力説。さらに脚本は結束信二が担当することを説明したところ、司馬は態度を一変、ドラマ化を快諾した。結束は一九六一年に池波正太郎原作による映画『維新の篝火《かがりび》』の脚本を書いている。当時の東映時代劇には珍しく、千恵蔵扮する土方歳三の悲恋を切々と描いたこの作品を司馬は気に入っていたのである。

司馬の了解を得た上月は早速、キャスティングに取り掛かり、主演の土方歳三役には栗塚旭を抜擢する。彼は同年の上月プロデュースによる『忍びの者』の明智光秀役で初めて大役を得たばかりの、くるみ座の一介の劇団員にすぎなかった。

『忍びの者』で栗塚を抜擢したのは、東映京都テレビプロの田村嘉プロデューサーと当時若手助監督だった松尾正武だ。光秀役にはインテリジェンスが必要だと考えた松尾は新劇から配役することを考え、文学座で人気のあった仲谷昇《なかやのぼる》を提案する。が、田村が反対した。「あかん。仲谷の出演料が一本いくらやと思うとんねん」。当時のテレビ時代劇にはほとんど予算はなく、脇役にまで出演料を回すことができなかった。仕方なく新人俳優たちの名簿をめくっていると、くるみ座に「仲谷そっくりの男」がいた。それが栗塚だった。

「これや」。松尾の提案に対し田村は「こんなん芝居できるか」と一度は疑問を呈する。が、見た目は申し分ないし、出演料もかなり安くすむこともあり、これを了承した。実際に目の前に現れた栗塚は、穏やかな口調で話すオットリとした雰囲気の役者であったため周囲を不安がらせたが、いざ本番となるとキリッとした凛々しさを放ち、期待以上の芝居を見せつけた。これを見た上月と結束が栗塚を大いに気に入り、土方役での抜擢へと繋がったのだ。

一方の近藤には東映ニューフェイス出身だったものの燻っていた舟橋元《げん》を据える。そして、沖田総司には、新人・島田順司を大抜擢した。彼は斎藤一《はじめ》役の左右田《そうだ》一平が所属する劇団・東芸の研究生だった。偶然、忘年会に招かれた上月が受付で記帳していたところ、目の前にいたのが島田だった。その瞬間に閃いたのだという。「沖田がいる」と。

こうして、上月の思うままに無名の俳優と新人で固められたキャスティングに対し、司馬遼太郎は不安がる。そこで上月は京都の料亭に司馬を呼び出すと、そこに土方の扮装をさせた栗塚を同席させた。「私が書いていたときに浮かべたイメージにそっくりだ」司馬は栗塚を一目見て惚れ込み、そう絶賛の声を贈ったという。

スターシステムの枠にとらわれることなく、原作のイメージに合うことを第一義に縦横無尽に新人を抜擢し、無名の俳優たちをキャスティングしていったのである。それはすなわち、「東映の制約」から完全に脱却したことを意味していた。

「プロデューサーが役者優先になってしまってはお終いですよ。キャスティングが原作に合っているかどうかが、プロデューサーとしての非常に大事な部分ですから」（上月）

ドラマとしての時代劇

従来の東映時代劇からの脱却、という意味では先に挙げた「集団時代劇」の一連の映画も志を同じくしているといえるだろう。が、「集団時代劇」が若い監督、脚本家たちのラディカルな姿勢を前面に出して「アクション」「サスペンス」「残酷」と強い刺激によって新しい風を吹き込んだのに対し、『新選組血風録』の場合、その切り開き方はまったく異なるものであった。

結束は列伝形式の司馬遼太郎の原作を、土方歳三の視点から、一つの組織の中で蠢《うごめ》き破滅していく人間たちの悲しいサーガとして描こうとする。それはあくまでも、等身大の人間たちの葛藤をアクションに頼ることなく静かに追う〈人間ドラマ〉だ。そこで描かれるものは、「集団時代劇」の対極にある。「集団時代劇」の若い気迫に対して、ベテランならではの確かな技術による新しい時代劇の開拓といえるだろう。

それでは、結束たちの目指した〈人間ドラマ〉とは、どのようなものだったのか。『新選組血風録』での結束脚本の特色、それは隊士たちの等身大の人間としての哀しみを切々と綴ったリリシズムにある。司馬遼太郎の原作アンソロジーの中には後に『御法度《ごはっと》』（99・大島渚監督）として映画化される同性愛を扱ったエピソードなど、当時のテレビでは放送しにくいテーマも少なくなかった。そこで、全二六話の放送スケジュールを埋めるために、いくつかのエピソードは結束がオリジナル脚本を書いていた。

それらは司馬の原作とは一線を画すものであった。「鴨千鳥」「紅花緒」「あかね雲」「風去りぬ」……。これら結束自身が付けたサブタイトルからだけでも、そのリリカルな雰囲気が伝わってくる。そして、登場人物たちの心理を細かく丁寧に追った詩情感あふれるセリフはこうしたオリジナル脚本の中に多く見られ、理想とするドラマ像がよく分かる。

たとえば、幹部・山南敬助の脱落を題材にしたオリジナルエピソードの第一五話「脱走」。

このエピソードは本来なら、脱落していく山南や処断を下す土方を中心に描かれるところだが、結束は沖田の視点から描いている。

沖田「山南さん、いいんですよ、私も、どうせ、そう長い生命ではない気がする。近藤先生も土方さんだって、みんなそうですよ、闘って、闘って……闘うしか私たちの将来はない……」

他にも、土方の悲恋を描いた第六話「鴨千鳥」や、幹部の斎藤一（左右田一平）と身寄りのない少女・おしづとの触れ合いを中心に隊の京都撤退を描いた第一九話「あかね雲」のように、結束のオリジナルエピソードにはこうしたリリカルな描写が目立つ。

その描写の極致が、死を間近に控え、千駄ヶ谷で療養する沖田を、生き残った隊員たちが訪ねる第二四話「風去りぬ」だろう。

いよいよ「官軍」の江戸侵攻を間近に控えた世相が描かれる本エピソードだが、場面を、療養する沖田の部屋のワンシーンに限ったため、淡々とその命運の尽きるまでの日常を送る沖田と、まるで辛い現実から逃れるかのように沖田のもとにやってくる隊員たちの交流がクールなタッチで展開されている。死を覚悟した沖田、逆転不可能な形勢に立たされた新選組、早かれ遅かれ同じ運命を辿ることになる両者の、切迫した現実の世界から隔絶されたかのようなやりとり……。

土方「今度生まれ変わる時はな、俺は、お前のような人間に生まれたいと思っているよ」

沖田「困るなあ、それじゃ。だって私はね、今度生まれ変わってくる時も土方さんと同じような人に、逢いたいと思っているんですから」

傍観者として見つめつつも、隠しきれない哀しい感情が強く滲み出る沖田のペシミスティックな視線。それは、結束信二の視線でもあった。結束は戦時中、特攻隊員で、戦争が続いていれば数日後には自分も出撃する予定だった。二度と帰らぬ空へ飛び立っていった戦友たちへの空しい想い、それが結束の根底にはいつもある。だからこそ、劇的な場面になればなるほど、その筆致は勇壮さとは程遠い、静かで物悲しいものになっていったのだ。

現場の熱気

「僕たちは原作よりも、結束さんの脚本に燃えたんです」

助監督として参加していた松尾正武は当時を、そう振り返る。

現場もまた、熱く燃えていた。

河野寿一監督はテレビだからといって決して手を抜いた演出はしなかった。そうは言っても、テレビシリーズの場合は一週間に一本を仕上げなければならないため、スケジュールに限りがある。結果、撮影は徹夜の連続となった。冬ともなれば、太秦は山から寒風が吹き下ろしてくるため、深夜の撮影は堪える。そうした中で働き続けるスタッフたちに気を使い、河野監督は「寒かったら飲みや」と休憩時間に酒をついで回ったという。

河野の心意気に惚れ、誰もがよく働いた。テレビプロの現場にはスタッフの数は多くなかった。そのため、本来なら手の込んだ撮影は難しい。だが、シリーズ終盤の鳥羽伏見の戦いのシーンでは爆破シーンも含めた大掛かりな撮影が展開されている。これは、脇役の俳優たちがスタッフたちの仕事を手伝ったからできたことだった。たとえば屋根の上からの移動撮影ではカメラを乗せた台車を押したり、爆破シーン用の穴を掘ったり……。こうした一丸となった姿勢が、困難な撮影を可能にしたのだ。

脇役として現場に参加していた井上茂は、当時の想いをこう語る。

「テレビは電気紙芝居と言われていて、やりたがらない人も多かった。それでも、僕らは「テレビで放送する劇場映画」という心構えで映画魂をぶつけていったんです」

当時は家庭にビデオはおろか、テレビもあまり置かれていない時代だ。放送日になると、スタッフたちは撮影を止めて、みんなで集まって視聴したという。それほどまでに、作品に愛情を注いでいた。

当時の閉塞した映画状況に対しての怒りと、テレビという「新天地」の可能性への希望、そしてそれによる情念の解放が、テレビ時代劇の新しい地平を開拓していった。

東映京都テレビプロダクションとは、単なるリストラの受け皿ではなかった。閉塞感に苦しむ映画製作者たちにとって、思う存分その腕を揮えるサンクチュアリだったといえるだろう。

そして、それを証明するかのように、同じスタッフたちの手によって、とてつもなく自由で開放的な気分を感じさせてくれるテレビシリーズが生まれる。

『素浪人月影兵庫』

旧来の東映時代劇からの脱却を図った「集団時代劇」だったが、この路線はしだいに救いのない凄惨な抗争劇へと追い詰められ、観客の支持を失っていった。一方、東映京都テレビプロダクションの作品は、〈従来の東映＝スター時代劇の否定〉という同じ出発点ながらも、『新選組血風録』で静かな人間ドラマの中に新しい時代劇の地平を切り開く。そして今度は一転して、自由な製作態勢の中で遊び精神を盛り込んで、大いに人気を博するようになる。それが『素浪人月影兵庫』（65・NET）だった。『素浪人月影兵庫』プロデューサーも上月信二だったが、その内容は『新選組血風録』とは大きく異なっている。『月影兵庫』はひたすらに大らかで気ままな空間が広がっているだけなのだ。ここでは、丁寧な心理描写よりも、それらをスッ飛ばした豪快で大胆な話が展開されている。

そもそも兵庫に扮する近衛十四郎と、その相方「焼津の半次」こと品川隆二はともに東映の傍系・第二東映の主演スターだった。しかし映画界の斜陽化に伴い第二東映が閉鎖されると、両者は居場所を失い、ともにテレビへと移っていった。近衛主演の『柳生武芸帳』と品川主演の『忍びの者』のプロデューサーをしていたのがいずれも上月だった。その両作品が一九六五年七月に相次いで放送終了となったのである。

近衛と品川をこのまま遊ばせておくのはもったいない、と上月は両者が生きる原作を探す。そして出会ったのが南條範夫の『素浪人月影兵庫』という剣豪小説だった。とにかく道中ものとしての楽しさがあった。原作では兵庫に従うのは腰元の女だが、そこを変えれば面白い弥次喜多ものになる。ちなみに「焼津の半次」という役名は、南條邸へ向かうタクシーの中で「焼津漁港のマグロから放射能が検出された」というニュースを聞いて思いついたのだという。

六五年から翌六六年までの第一シリーズでは、剣豪スター近衛十四郎の抜群の殺陣がメインになっている。相棒の渡世人・焼津の半次と二人旅。行く先々で事件に巻き込まれ、敵をバッタバッタと斬っていく。どこかトボケた軽いノリの時代劇だ。

そして、六七年に再開された第二シリーズからは、暴走が始まる。第一シリーズは軽いタッチを目指しつつも、あくまでも作品の雰囲気作りの味付け程度のものであった。それが第二シリーズからは、その軽い遊び心自体が作品のテーマになってしまう。ストーリーそっちのけで追求されるのは、キャラクターの面白さだ。この暴走は、上月が率先して突き進んでいる。

「元来、ボクはいい加減なんですよ。会議なんてやらないで、居酒屋で飲みながら考えますから。とにかく考えるのが楽しくて、どんどんアクセルを踏んでいきましたね」

兵庫には、剣豪に加えて「猫嫌い」という弱点が加わる。猫を前にすると極端に怯えて逃げ出してしまう。敵が猫屋敷にいるというエピソードのときは、半次の陰に隠れガタガタ震えながら乗り込んでいった。

「あれのヒントになったのは『オバQ』なんですよ。条件反射的に「犬怖い」って。あれがあるから、成り立ってるんですすよね。そうじゃなきゃ無敵ですから」

一方の半次には、「蜘蛛嫌い」という設定が加わるが、それ以上に「曲がったことが大嫌い」という性格がエスカレートしている。第一シリーズでも、立ち回りをしながら曲がった表札を直していくというシーンがあったが、ここではさらに身に着ける刀から腰に差した煙管《キセル》までもが真っ直ぐになってしまっている。

こうしたアイディアは会議室での打ち合わせで生まれたものではなかった。すべては、西木屋町の居酒屋〈新六三〉で酒を飲んでいるときのバカ話の中から出てきた。上月、第一シリーズに参加した結束信二、メインライターの森田新《しん》、それに監督や製作主任……、彼らは撮影が終わるとそれぞれに店に集まって酒を酌み交わした。

「部長のヤツ、猫を見て怯えてやがったんだ」

「それなら、兵庫も猫嫌いにしてみるか」

「だったら半次は蜘蛛嫌いにしよう」

「それ、部長のことだな」

一事が万事、そんな調子で進められていった。

「酒を飲んでバカばっかり言ってるでしょ。人をコケにしたり、持ち上げたり。そういう日常でやっていることをギャグとして入れていきましたね。居酒屋で結束信二たちとコキ下ろし合いとかバカ話をよくやっていまして。それを女将さんが笑ってくれるんです。それを脚本にそのまま入れればギャグになるんですよ。」(森田)

そして森田は、ストーリーそっちのけでひたすらナンセンスなギャグの応酬が繰り広げられる、コミカルなエピソードを連発していくことになる。

「たいがいのことは任せっきりにしてくれました。何でもいいから書いてくれればいいよって。一貫したものが一つあれば、あとは見ているときにとにかく笑わせてくれれば、それでいいということでしたから。それが僕に向いていたんですよ。腹立つより、笑ってもらった方がいいでしょう。娯楽なんですから」(同)

問題は、このコミカルな芝居をすることを「硬派な剣豪スター」近衛十四郎にどう納得してもらうか、である。近衛と親交の深かった森田によれば、「剣豪」としてのイメージにこだわる近衛は「こんなことオレがやれるか!」と当初は突っぱねていたという。

監督や東映のスタッフ、プロデューサー連中は尻込みするばかりで、仕方なく上月が説得にあたった。話を聞いて近衛は露骨に不満な顔をしたという。「一晩考えさせてくれ」。そう言い残して去っていった。さすがに断られるだろうなという覚悟を胸に、翌日近衛のもとへ向かった上月だったが、意外にも近衛はこれを承諾した。しかもことのほか上機嫌で、その夜二人は夜中まで酒を飲みあったという。そこから一〇年弱、近衛は一つも文句を言うことなく粛々と「素浪人」シリーズを無遅刻、無欠席で完投した。逆にコミカル芝居に自分からアイディアを出したり、現場を訪ねた森田に「みんな楽しみにしているから、面白いの書いてね！」と声をかけることもあったという。

近衛もまた、自らの命運をテレビに託したのである。

いままでのイメージをかなぐり捨てたように軽妙なズッコケ芝居で笑わせつつ、殺陣を豪快に決める近衛の芝居のコントラストと、とにかく動き回り、顔面から手足まで大袈裟なアクションを見せる品川。そして、そんな二人がエンドレスに続けるセリフの掛け合いが魅力の中心となった。

兵庫から大吉へ

しかし、これだけ遊んでしまうと、剣豪小説であった南條範夫の原作とは遠く離れたものになってしまう。そこで一九六九年一月に「月影兵庫」の看板を返上し、新たに『素浪人花山大吉』がスタートする。この第一話で「いい加減」さは、きわみに達する。とにかく「いい加減」な初期設定の下、勢いとノリでシリーズが始まっているのである。

ストーリーが動き出すのは三分の二が過ぎてから。ストーリーそっちのけで展開される大吉と半次のなじり合いがメインになっている。

大吉は客の入らない宿や茶屋の経営コンサルタントを生業とし、さまざまなことに薀蓄を語る通人。相変わらず剣は強いが、緊張するとシャックリが止まらなくなり、立ち回りの間中うるさい。そして無類のオカラ好き。酒の肴にオカラがないと怒りだす。他人が面倒に巻き込まれてもわれ関せず。そして、一度オカラが入るとそれまでの通人ぶりはどこへやら、悪酔いして下品になる。

するとと直情型の半次も黙っていない。

半次「何だ、このオカラ野郎！」
大吉「バカたれ！　能無し！」
半次「オカラボケ！」
大吉「バカたれが！　キ印！」

ストーリー置き去りで延々と続くこの罵倒合戦が、やがて毎回の恒例になっていく。本作を見ていた上月の娘さんは「何だか漫才みたい。いつお話が始まるの」と笑いながら尋ねたという。

こうした作りには、上月の狙いがあった。夜八時台の放送の場合、家庭では奥様方がまだ忙しく働いていることが多い。「彼女たちが途中で席を立って戻ってきても分かるように」上月は森田ら脚本陣にそう指示を出しており、延々と続くなじり合いはその指示を受けた森田が考案した作劇だったのだ。

何だかんだで（言葉で表しがたい位いい加減な展開で）無事に事件は解決。大吉は青空の下を悠然と歩いていく。青空のよく似合う、豪快で大らかな時代劇である。

「オチとか物語とかは考えないで書きました。頭から流れで書いていったら、終わることは終わるんです。僕みたいないい加減な野郎だからちょうどよかったんでしょう。本当に頭のいい奴だったら、アホらしくなって書けないですよ」（森田）

取材の際に森田が披露してくれた、結束との酒の席でのバカ話（というよりは悪口の言い合いか）はまさに兵庫、大吉と半次のやりとりそのもの。現場の楽しい雰囲気がそのまま作品に反映されていたのだ。

この「素浪人」シリーズはサブタイトルが特に遊びに満ちている。第一シリーズでは、たとえば「月は見ていた」や「風は知っていた」と、至ってまともであったが、第二シリーズの途中からは「～だった」の部分だけを受けて好き勝手に楽しんでいる。第三八話の「もてた筈だがひどかった」「貴様と俺とはバカだった」あたりからドライブがかかり始め、「馬鹿は死なずに治っていた」「飲まないうちから酔っていた」「全くついていなかった」「花が恥じらうトシだった」「吹けば飛ぶよなデブもいた」「一人残らず臭かった」……と止まらなくなってしまう。

これらも、もちろんみんなで居酒屋でワイワイ言いながら考えていた。

「タダ酒飲んでも冴えていた」は、テレビプロ所長へのグチが元だという。

「あいつ、会社の金で飲んでばかりいるくせに、キツイことばかり言いやがる！」

また、「反省したけど無駄だった」は結束信二が付けたサブタイトルだ。

「これ誰のこと?」と尋ねる上月に結束は笑って答えたという。

「コウちゃん（＝上月）、アンタのことや」

この作品がいかに楽しい雰囲気の中で作られたのか、これだけでも十分に伝わってくる。

また、上月に見せてもらった台本は、脚本家の書いた「所詮かなわぬ恋だった」というサブタイトルに斜線が引かれて、上月自身の手で「空前絶後の恋だった」に書き直されていた。

自由だったのは、撮影現場も同じだった。当時はマイクの精度の問題もあって、屋外でのロケーション撮影の場合は同時録音ではなくアフレコが行われるのだが、大吉と半次が延々と詰り合い漫才をするときに、両者の口の動きと声が全く合っていないのだ。スクリプターとして参加していた野崎八重子は当時の様子をこう語る。

「私も、近衛さんと品川さんのお付きの人もメモをとっていたのですが、録音部が現場に行っていないせいもあって現場で二人が何を言ったか正確には誰も分からないんですよ。だから、アフレコしても絶対に口の動きと合わないんです。合わないけど、まあ、タイミングが合《お》うてたらエエという感じでね。今見はったら絶対に分かると思うけど、口が全く合うてへんねん」

これが、作品の「いい加減な」ギャグの世界に一層ナンセンスな面白味をもたらしていた。多くのエピソードを演出した荒井岱志《たいし》監督は次のように振り返る。

「ロケでは近衛さんのセリフもほとんどあてずっぽうで。平気で一行や二行すっ飛ばすんですよ。口をモゴモゴと動かすだけのときもありました。『これは後でアフレコするから大丈夫』と。実際、それでもつながる話でしたからね」

そして、この自由な雰囲気は、会社の制約を離れて思う存分に仕事のできる上月たちの気持ちそのものであったといえるだろう。自由であることに対して込められた思いは、上月の書いた『花山大吉』の企画書からも伝わってくる。

「花山大吉は、誰にも自由を束縛されることのない身軽な素浪人です。それが、まるで当のない流浪の旅を続けています。たべたい時に喰い、寝たい時に寝、窮すれば稼ぎ、全く気ままな自由人です。そこに、現代人の憧れと共感があるのではないでしょうか。私たちをとりまく世間は、自由のかけらもないといったら、いささかオーバーでしょうが、あまりに多いしがらみに、自由は拘束されっ放しです。その拘束から逃れたい気持を代弁して『花山大吉』は行動してくれます。自由と安息を求めて、私たちは『旅』を渇望しています」

あの大らかな作風は、製作現場の楽しい雰囲気、そして自由をどこまでも希求し続ける思いがそのまま出たものなのだろう。この作品についてのエピソードを語る上月の、何とも言えない幸せそうな笑顔を見たとき、それがよく分かった。

大ヒット、それから

この番組はとにかく当たった。NET~テレビ朝日を通じて、ドラマ部門での歴代視聴率の一位は未だに『月影兵庫』である。『花山大吉』に変更後もヒットを続け、一九七〇年まで続くロングシリーズになった。

また、『新選組血風録』の栗塚、左右田、島田のトリオも番組終了後も高い人気を得て、『俺は用心棒』(67)がスタートする。これはニヒルな栗塚、朴訥とした左右田、爽やかな島田、と『新選組～』での三人のキャラクターをそのまま引き継いだものになっており、その三人があてのない旅を続ける、という『月影兵庫』と『新選組～』の合わせワザのような時代劇になっている。途中で栗塚が『風』(67・TBS)に引き抜かれたせいで伊藤雄之助主演の『待っていた用心棒』が挟まったが、栗塚の復帰とともに『帰って来た用心棒』として復活(この辺のタイトル遊びも上月らしい)。この「用心棒」シリーズも七〇年代までタイトルを変えながら続くロングシリーズとなった。

大きかったのは、これらNET・東映京都テレビプロ製作による一連の時代劇が、残酷、ヤクザ、ポルノに活路を見出した東映本体が切り捨てた子供や主婦などから熱烈に支持されたことだ。

「『兵庫』と『大吉』は奥さん方に焦点を当てて作りました」(森田)

テレビでなら時代劇は再び大衆的な支持を得られることを、一連の作品は証明してみせたのである。

そして失った観客層を取り戻すため東映は「女性」「子供」をターゲットにしたテレビ時代劇製作を本格的に推し進めていくことになる。単なる受け皿だったテレビを、会社のプログラムの中の重要な一部に組み入れるようになったのだ。

それは紛れもなく、一度は会社を追われたスタッフたちの敗者復活劇であった。また、上月や結束たちが作家性と娯楽性を見せ付けたことで、テレビが存分にその腕前を発揮できる新天地だということを、他の映画製作者たちに知らしめたということも忘れてはならない。彼らは、その妥協を許さない仕事によって、閉塞感に苦しむ映画界から解放されるヒントを与えたのである。そして一九七〇年代、映画の世界を追われテレビへと流れ着いたベテランたちの開拓したこの新天地へ向かって、数多くの映画製作者たちが後に続くことになる。

『銭形平次』

東映京都テレビプロダクションの功績として、もう一つ忘れてはならないのが、後に連続八八八回という大記録を打ち立て、テレビ時代劇の大黒柱となった『銭形平次』（66・フジテレビ）である。

が、その発端はライバル会社・大映の資金難だった。『羅生門』『地獄門』などの海外グランプリ作品を送り出し、『座頭市』『眠狂四郎』などの人気シリーズを抱えて圧倒的な技術力を誇っていた大映だったが、他社に比べて配給網が脆弱であったため、映画不況の波を正面からかぶってしまっていた。

それまでの大映といえば、フジテレビに資本参加はしていたものの、永田雅一《まさいち》社長が「電気紙芝居」のレッテルを貼った張本人であることからも分かるように、テレビを軽視する傾向にあった。が、背に腹は代えられない。製作した映画の放映権をテレビ局へと売却するようになる。

それはテレビ局としても渡りに船の話だった。産業として躍進はしていたものの、まだ制作力には限界があり、番組枠を埋めきるということに苦慮していた。特に野球中継が雨で中止になったときの代替番組、通称「雨傘番組」に旧作日本映画は有効だった。

そして、その中から意外な鉱脈が見つかる。フジテレビが雨傘番組として放送した長谷川一夫主演の映画『銭形平次』が急な放送であるにもかかわらず、高視聴率を獲得したのである。『銭形平次』にコンテンツとしての魅力を感じたフジテレビは、自社製作でのシリーズ化に乗り出すことになる。

そこで原作者・野村胡堂の遺族からの原作権獲得交渉役として白羽の矢が立ったのが、フジテレビ・プロデューサーの高橋久仁男《くにお》である。高橋にはすでに、『父帰る』の原作権を菊池寛の遺族から、『人生劇場』の原作権を尾崎士郎の遺族から獲得するなどの実績があった。

高橋は野村胡堂を徹底的に研究し、その結果導き出した原作の精神を徹底して遵守することを約束して、野村夫人から原作権を譲り受けることに成功する。そのときに高橋が出した条件とは、以下の三点であった。

一、先生が企画された四原則（安易に罪人をつくらないこと、町人と庶民に愛情を持つ、侍や通人は徹底的にやっつける、全体として明るく健康的な読み物にする）を遵守する
二、銭形平次は犯罪に至る経緯に立ち入り、情状酌量の世界まで踏み込む
三、お静の鉄火肌のイメージを一新し、芯は強いが物静かで、夫の職業には口出しせず台詞廻しも現代風にする

そして、このヒューマニズムに立脚した精神がドラマの基本テーゼとなっていく。

だが、原作権は獲得したものの、肝心の主役スターはなかなか決まらなかった。話を持ちかけられたスターの一人、里見浩太朗は自伝『ゆっくりと一歩』の中で当時をこう振り返っている。

「フジテレビとしてはこれからはテレビの時代だと。映画のように撮ってテレビで放送する時代だという。ぼくにはどうしても納得がいかず、断ってしまった。映画出身の役者は、テレビというものにまだ少なからず偏見を抱いていたのだ」

当時の映画スターたちにとって、テレビはまだ軽蔑の対象だったのである。キャストが定まらないうちに企画はいったん頓挫することになるが、今度は東映から、テレビシリーズで製作したいから原作権を譲ってほしい、との要望が入る。映画観客の激減に伴い、テレビ製作に本腰を入れ始めた東映にとっても『銭形』はぜひとも必要なコンテンツだった。当時の東映はＮＥＴに出資していたことから、フジテレビとしてはせっかくの原作を手放すことになってしまう。そこで高橋は東映に共同製作を提案、東映は当初は戸惑ったもののその提案を呑む。が、やはりここでもスターの問題が障壁になった。

高橋は大川橋蔵の主演に固執したが、東映サイドは自社の看板スターをテレビに出演させることはできないと拒否、再び企画は宙に浮くことになる。その後、東映を独立した中村錦之助が出演を希望したものの、自らのプロダクションの抱える俳優全員の出演を要求したため、これも流れてしまう。

このあたりのエピソードからは、観客減少の中で切迫する一方で、テレビ界に対してギリギリのプライドを示したい映画界の葛藤と、スターにおもねらないことで映画界に対してイニシアティブを取ろうとするテレビ界の気概がうかがえる。お互いにとって絶対に必要な存在であるにもかかわらず、どこか感情的なしこりがあった。

高橋はその後、大映とも話を進めるが、これも上手くいかず、結局は橋蔵に候補を絞る。実は、橋蔵はこのとき、東映と契約が切れていたのである。橋蔵は出演を受諾し、ようやく企画は動き出すが、彼はいままで仕事をしてきた東映京都撮影所での撮影を希望する。

そして長年、橋蔵が時代劇映画の製作をともにしてきた信頼するスタッフを多く抱える東映京都テレビプロダクションに話が回ってきたのだった。

東映を懐柔する

東映京都に乗り込むことになった高橋だが、当時はテレビ界と映画界の関わり方の模索時期である。それだけに苦労も多かったという。

『新選組血風録』の上月信二の場合、同じテレビプロデューサーといっても、元は東映にいた人間であったことから、気心が知れた部分があり彼らとの仕事はスムーズにいった。が、高橋の場合、ゼロから人間関係を作っていかなければならない。また、先の里見浩太朗の証言に代表されるように、映画人たちにはまだテレビ局に偏見を抱いて見下す部分があった。企画会議の際にはテーブルに足を載せながら高橋の話を聞く東映の人間もいたという。

そうした中で作品を成功させるために、高橋は二つのことを徹底させる。それは東映スタッフに対しての製作面での融通と、ドラマ作りにおいてのプロデューサーシステムである。

まず高橋は東映に対して毅然とした態度で臨み、東映サイドからのキャスト提案を拒否して独自に進める。その一方で撮影所の守衛を手始めに大道具、照明などのスタッフとの交流を深めた。また、予算を切り詰めてでも彼らのギャラを上げ、東映京都テレビプロが好きにやりくりできる特別予算を設けて管理部門からも感謝されたという。そのようにして高橋は、東映を懐柔しながらイニシアティブを取っていった。

東映京都テレビプロに現場のことを任せる一方で、ドラマの根幹を脚本作りに置いて、それを自らが一元的に管理することで『銭形』の世界を形成していく。高橋はプロデューサーのあるべき姿を次のように語る。

「監督の仕事が完成ならプロデューサーは管制。監督が感情ならプロデューサーは勘定。監督は〈まだないか〉の〈欠〉を求めるが、プロデューサーは〈これでいい〉の〈決〉を求める。これがプロデューサーの仕事なんですよ」

ホームドラマの導入

高橋が『銭形』のドラマ作りの際に、脚本の核として何よりも大切にしたのが、平次とお静の夫婦が二人でいるときの安心感であった。一方で、立ち回りはあくまでもサービスであり過剰にならないように心掛け、平和主義、庶民主義を貫いた。そのために、事件を考える上でも、アクション・サスペンスよりも、巻き込まれた人々や犯人の背景に感情を寄せる平次という点を脚本家に徹底させる。

弱者への優しさであり、戦うことの怖さであり、そうした等身大の人間として平次とその取り巻く世界を描くことが高橋流ヒューマニズムなのである。

等身大の庶民の情を大切にするドラマツルギーは、脇役を描く上でも徹底されている。

「レギュラーにバカは一人も作りませんでした。一人一人をキャラクターではなく、感情のこもった人間として細かくとらえていきましたね。アップになっても嫌味な人間に映らないことがレギュラーの条件でした。（子分の下っ引き）八五郎には絶対にズッコケをやらせませんでした。二枚目と三枚目の間をいかせたんです。（ライバルの岡っ引き）万七もただのバカにはしませんでした。勘の悪さ、頭の回転の遅さという相対的な問題として描きましたよ」

ここで描かれているのは、平次とそれを取り囲む等身大のレギュラーたちの信頼と優しさが醸し出す温もりであり、その弱者への眼差しが作り出す平和な安心感である。つまり、高橋は時代劇をホームドラマとして描いたのである。

その辺の狙いは、現場サイドでも共有できていた。多くのエピソードを演出した荒井岱志監督は次のように語る。

「『銭形』ではホームドラマを意識して作りました。僕は時代劇で蚊帳《かや》が好きなんです。蚊帳が吊ってあって奥さんが寝ている所に帰ってくるとか。そういう情緒が出せればな、といつも考えています。ホッとする場面は時代劇ではなかなか出しにくいですから。会話のシーンでも長火鉢の横に蚊やりをポッと置くとか、うちわで仰ぐとか。

そういうのが好きでした。テレビドラマとはそういうホッとするものだと思うんです。『銭形』でホッとする場面といえば平次の家庭、それから居酒屋〈ひさご〉ですね。特に酒を飲んでいるところで親しみを出そうとしました。飲んでいるときに愚痴を言ったり、そういうところでホームドラマ的な雰囲気を出せるかな、と。現代劇と同じで屋台で飲みながら上司の愚痴を言うようなね」

この徹底したドラマツルギーが功を奏して『銭形』は八八八回にも及ぶロングシリーズになる。

こうして、東映京都テレビプロダクションは、フロンティアたる上月信二＝NETの班と、抜群の安定度を誇る高橋久仁男＝フジテレビの班という両輪ができあがる。

若手の挑戦

テレビプロ製作の時代劇作品で活躍したのは、ベテランスタッフだけではない。七〇年代になると、ここで育った若手たちが意欲的な時代劇を作り始める。その筆頭格だったのが、松尾正武監督だ。松尾は東映京都撮影所の若手助監督の一人だったが、テレビプロ発足時にこれに参加する。

「お前みたいなペエペエ、いつ監督になれるか分からんぞ。テレビをやってみんか」

そう口説かれての決意だった。

その後、松尾は河野寿一監督の下で『新選組血風録』などに参加、日々の撮影で忙しい河野に代わって結束信二と脚本の打ち合わせをしていきながら、経験を重ねていく。だがそのため、監督として一本立ちした当初は「河野と同じ演出をしている」と言われることが多く、「いつか超えてみせる!」と想いをたぎらせていた。

そんな松尾とコンビを組んだのが、鳥居元宏だった。彼も同じく元は東映京都の助監督で、すでに監督としてもデビューをしていたが、「仲間たちとテレビやらんと、前に出ていけへん」と考え、テレビ時代劇の脚本家への転身を図る。しかし、当時の映画界は「テレビは映画をダメにする」とテレビへの反発も強かったため、鳥居は「お前は悪魔に魂を売るのか」と食ってかかられることもあった。それを避けるべく、新たに「飛鳥ひろし」というペンネームを考案する。「鳥が居る」「元」だと重い感じがするので、「元」を取った上で「鳥が飛ぶ」にして縁起を担ごうという狙いによって名づけたものだ。

鳥居は『銭形平次』の脚本を担当することになった。だが、かつては集団時代劇の監督もしていた彼には、毎回のようにホームドラマを入れるという暗黙の了解に基づいて作劇しなければならないことに不満があった。

「エゲつない殺しが書きたい！」

そんな気持ちが抑えられないでいた。

師を超えたい松尾と、現状に窮屈さを感じていた鳥居。両者の想いがぶつかり、松尾＝飛鳥のコンビは七〇年代前半に次々と刺激的なテレビ時代劇を生み出していく。「忠臣蔵」の世界を背景に赤穂方と吉良方の攻防をサスペンスフルに追った『編笠十兵衛』、「必殺」シリーズ（第三章で詳述）のエピゴーネンとして登場し、さらなる激しい殺しを展開した『影同心』……中でも、七二年に製作された『地獄の辰捕物控』は、その最たるものだった。

主人公の辰（北大路欣也）は腕に「前科者」としての烙印である刺青を入れられ、「寄せ場帰り」と蔑まれてきた。そんな辰が岡っ引きとなり、人生の裏街道を歩んできた日蔭者ならではの激しい情念を燃やしながら事件に当たっていくという、異色の捕物時代劇だ。その象徴ともいえるのが、異常に長い十手で、これを棍棒のように使って敵を叩きのめしていく。

「あれは『銭形』ではできなかったことをやろうとしたんです。刺青者の岡っ引きなんていいるわけないんですから、普通とは違うハミ出したことをやらせよう、と。それなら悪も普通の悪じゃなくてエゲつない悪にしないとバランスはとれない。そうなる

と今度は、その悪に対抗するには辰の戦い方もエゲつないものにしないと。それでエスカレートしていったんです」（鳥居）

そんな鳥居の意を受けて、松尾も思う存分の演出を展開する。

立ち回りは主に泥田を使って撮影し、敵味方共に泥まみれになりながらの激しい肉弾戦として描いた。また、それを追うカメラも、手持ちで激しく揺れ動く主観ショットを多用している。これには「見にくい」という反発もあったが、松尾はこれを跳ね除ける。

「映画で大事なのは映像美だと思うんです。それをテレビに持ち込んだらどうなるか。そのことばかり考えていました。だから、動的な演出を要求されない場面でも動的にしたかった。雨を降らせたり、嵐を起こさせたり。もちろん、物凄い反発がありました。それでも、意識的に〈作る〉ということをしていったんです」

ベテランも若手も、誰もが「新しい時代劇」を希求した場所。それが東映京都テレビプロだった。

一九六八年二月二五日付の「朝日新聞」には次のような記事が載っている。

「『素浪人月影兵庫』『銭形平次』などの人気番組を作っているのが東映京都テレ

ビプロ。三年前、撮影所に同居の形で発足したが、現在は時代劇専門に六本も制作中で、本家の撮影所を上まわる盛況。本家はとっくにヤクザ映画が主流になっているから、〈時代劇の東映京都〉とは、いまではテレビプロの代名詞になっている。」

第二章　大映・勝プロの葛藤

世界最高峰の撮影所

一九五〇年代、日本映画は国際映画祭で数多くの栄誉に輝いてきた。五一年に『羅生門』がヴェネチア国際映画祭のグランプリを受賞したのを皮切りに、『源氏物語』(五二年カンヌ撮影賞＝杉山公平)、『雨月物語』(五三年ヴェネチア銀獅子賞)、『山椒大夫』(五四年ヴェネチア銀獅子賞)、『地獄門』(五四年カンヌグランプリ)……。

これらの作品はすべて同じ撮影所で撮られたものである。

大映京都撮影所。

三万七〇〇〇坪の敷地に東洋一のハリウッド級ステージを擁する、日本映画保守本流の牙城である。

国際映画祭での受賞による国威高揚を目指して文芸・芸術路線に重点を置く永田雅一社長の号令の下、伊藤大輔、溝口健二、衣笠貞之助といった巨匠から黒澤明、市川崑、川島雄三といった気鋭まで、当時のトップクラスの監督たちが大映京都撮影所に招かれた。

「伊藤さんやら溝口さんやらが時代劇の母体でしたからね。みんなよく勉強してましたよ。半分学者でしたから。そこで自分の美術をやっていくベースの形作りをしていきましたね」

と語るのは、西岡善信。『地獄門』を皮切りに近年の『剣客商売』『鬼平犯科帳』に至るまで、テレビ、映画を問わずほとんどの名作時代劇にその名を連ねている映画美術の第一人者である。徹底的にこだわり抜いた演出を見せる〈巨匠〉たちとの映画製作を通して、西岡をはじめ、優秀なスタッフたちが輩出されていった。

独創的なカメラワークで黒澤時代劇を支え、フランスのヌーベルバーグやハリウッドに影響を与えたカメラマン・宮川一夫、近年でも『たそがれ清兵衛』で各映画賞を独占、増村保造や山田洋次ですら彼のゴーサインがないと撮影が始められなかったという照明監督・中岡源権《げんごん》、五社英雄監督の片腕として活躍することになるカメラマン・森田富士郎、他にも牧浦地志《ちかし》（撮影）、美間博《みまひろし》（照明）、内藤昭（美術）、福井啓三（装飾）……。大映京都撮影所製作の映画が映し出す映像が他社に比べて圧倒的にクオリティが高かったのは、まぎれもなくこうしたスタッフたちの技術の賜物である。

スタッフはアーティスト

夕焼け空、ススキ野原、月明かりだけが照らす夜の路地、雨風を受けた古びた家屋……。大映時代劇の代名詞ともいえる、一見すると自然のありのままのような情緒あふれる背景は、実はスタッフたちがゼロから作り上げていったものだった。
「オープン（屋外）で撮影したように見えるシーンも実はセットで撮ったものが多かったんですよ」（西岡）
「大映は天気待ちしてるよりはセットでやったほうが時間的にハマるというので、ほとんどセットで撮りましたよ」（中岡）
大映のスタッフたちは屋内に、ロケーションと見紛うほどの自然の情感あふれるリアルな空間を創造していったのである。東映時代劇の魅力が綺羅星のごときスターの華やかさにあるのなら、大映時代劇の魅力は、匠たちの紡ぎ上げる情感にあるといえるだろう。
筆者自身、西岡美術のセットを何度も歩かせてもらったことがあるが、そのたびにいつも不思議な感覚に包まれてしまう。人がそこで日常を送ったことでできる床や壁の汚れ、障子の色ムラが見事に再現されており、傷やちょっとしたほつれまで作り込まれた古びた木の質感が、まるで自分がその世界の住人であるかのような錯覚を覚えさせてくれるのである。
「考証よりもリアリティですね。その時代、その場所に暮らしていた人間が実際にどのような生活を送っていたのか。そこに出てくる俳優さんの演技が生まれてくる土壌

になるセットを作るのです」（西岡）

それは、状況を記号的に説明するためのものではなく、画面に情感をもたらし、ドラマのテーマ性を深めるための美術だといえるだろう。西岡に限らず、情感を生み出す技術へのこだわりは、旧大映スタッフたちから聞き書きした際の発言の端々からも読み取れる。

以下、彼らのこだわりを示す証言を並べてみると――。

「シナリオをもらった段階からアレンジをわきまえて、ここは明るめ、ここは暗めと自分で画面のイメージを作っていきます」（中岡源権＝照明）

「嬉しいとき、悲しいとき、怒りのときで場面場面の感情に合わせて配光を変えていかんとダメなんですよ。バックの雰囲気だけで感情ができて、俳優さんが芝居せんでエエものにね。そういう雰囲気を作るのが裏方の仕事であってね。そうすると監督さんも喜んで演出も変わってくるんです」（美間博＝照明）

「土の匂い、汗の匂い、日差しの匂い、子供のころのノスタルジックな太陽の匂いを意識して演出以上にぶつけていかなければなりません」「セットでは映り込んでくる季節を計算して撮影します。冬の日差し、夏の日差し、それに時刻によっても違いますから」「ずっと時代劇を撮っていると蠟燭一本、行燈一つの当たり方の違いまで意

識するようになります」（森田富士郎＝撮影）

朝も昼も夜も、春夏秋冬も。そしてそのすべてを潜り抜けてきた人々の日常も。自然や人間の営みの何もかもを大映京都のスタッフたちは意のままに作り上げていく。一つ一つの画面に、そしてその隅々にテーマを込めてこだわり抜く、創造的な意志で映画作りに臨んでいく姿勢は、もはや単なるスタッフではなく、一人のアーティストと呼んでいいものであろう。ここではスタッフの一人一人が監督であり、脚本を深く読み込んで、ドラマを深めていった。

そのレベルの高さは、他の映画会社のスタッフたちが西岡や中岡たちの下に研修に来ていたという事実からもよく分かる。巨匠たちとの仕事で培われた高い技術力と想像力を持った大映京都撮影所は、当時の映画界の最先端にして最高峰にあった。

燻る不満

一九六〇年代に入り、テレビ産業の伸張やレジャーの多様化などの理由で映画界は急激に観客動員数を減らしていく。その打開策として配給網を強化した東宝、大幅な路線転換とテレビへの進出を断行した東映は何とか踏みとどまる。しかし、配給網の整備を怠り、テレビを軽視した永田雅一が独裁体制を執り続ける大映は、〈産業斜陽化〉の波を正面から受けてしまう。配収の年間ベストテンから大映作品は姿を消した。にもかかわらず、永田は政治に野球にと金をつぎ込んでいく。六七年には五〇億円まで会社の負債が膨れ上がり、六九年には決算上の累積赤字は二〇億円を超えた。

こうした永田の放漫経営による興行力の低下は、結果として企画の硬直を招いた。年々ジリ貧状態になっていった大映は、勝新太郎の『座頭市』『悪名』、市川雷蔵の『眠狂四郎』など、セットの使いまわしが利き、確実な収益の見込める人気シリーズばかりが重点的に製作されるようになったのである。マンネリは誰の目にも明らかだった。世界最高峰の技術力を誇るスタッフたちがそうした仕事に満足するはずもなく、不満が燻り始める。

『座頭市二段斬り』や『眠狂四郎多情剣』などで斬新な演出を見せていた井上昭もその一人。井上はそうした会社の状況に見切りをつけて撮影所を去り、東京でのテレビ演出に新天地を求めた。

「映画の状況が悪化してやりたいものがやれなくなっていきました。大映では企画が通りにくくなっていたのです。会社の未来への不安、個人の表現への欲求……あとはもう手段だけの問題です。表現の場は手段にしかすぎません。やりたいことのできる手段を探して生きていく。その結果、行き着いたのがテレビでした。当時の大映の饒舌なドラマからエスケープしたかったのです」

井上はその後、『ザ・ガードマン』を皮切りに数多くのテレビドラマ、時代劇を演出。独特の映像美を遺憾なく発揮してテレビ映画の巨匠として君臨していく。

当時、テレビの地位はそれほど高いものではなく、井上昭のように映画界でのポジションを捨ててまでフロンティア・スピリットを持って単身テレビ界に行くのは勇気のいることだった。事実、井上の行動に疑問を持つ撮影所の人間も多くいたという。

一方、撮影所のスタッフたちには、予算管理という現実が待ち構えていた。撮影のカット数や使用できるフィルムの長さまでが許可制になり、厳しく制限される。現場の都合は完全に無視された。スタッフの高い技術力を十分に発揮できる作品はなくなっていき、作品のクオリティも下がっていった。

悩めるスター

カメラマン・森田富士郎も閉塞感漂う大映京都撮影所にあって不満を募らせていったスタッフの一人だ。

「来る作品、来る作品つまらん時代劇ばかり。世間ではヌーベルバーグとかが評価されているのに、相変わらずのものを作っているから嫌になっちゃって。こんなの作っ

てるとダメになっちゃうよって思っていました」（森田）

そんな森田の理解者が看板スター・勝新太郎だった。

「勝さんとはしょっちゅう飲みに行っては憂《う》さ晴らしで映画の話ですよ。映画の理想とか作品論とか。外国映画とかヌーベルバーグの話ばかりしていましたね」（森田）

勝もまた、大映での仕事に満足がいっていなかった。

そして、スターとしての実績をあげ、社内での発言力が増していく中で、勝にはある意識が芽生え始める。

「オレの作りたい映画を作る……」

他社に眼を移せば、当時、ジリ貧状態だった邦画大手各社からスターたちが次々と独立して自らのプロダクションを立ち上げていた。日活の石原裕次郎は石原プロモーション、東宝の三船敏郎は三船プロダクション、東映を退社した中村錦之助は中村プロダクションをそれぞれ設立、『キネマ旬報』一九六九年新年特別号では三人そろっての対談で怪気炎をあげている。

中村「これを機に、僕はばりばりやりますよ。これからは、独立プロがどんどん発展すると思うんだ」

石原「あの連中が、我々をつぶそうといったって、もうつぶれるもんじゃありませんよ」
三船「とにかく、今まで映画で飯を食ってきた連中、それしか生活の途を知らない連中、そういった人たちには、いい映画を作りたいって欲望があるんですよ」

スターたちは自らの力で閉塞した邦画状況を打破しようとしていたのである。そうした中から『黒部の太陽』『祇園祭』『風林火山』といった大作が製作され、大ヒットを記録していった。

勝もまた彼らに刺激されて、自らの理想の映画作りを実現するため、永田雅一社長に独立を掛け合う。永田は、スタッフ、ステージは大映撮影所のものを使い、配給も大映が行って、製作費は封切り後に精算という「社内プロダクション」という形で独立を認めた。こうして誕生したのが勝新太郎のオーナー会社・勝プロダクションだった。

勝は、後に勝プロの常務としてその右腕になる真田正典に、
「二度と後悔するような作品を作りたくない」
「採算を考えるなら会社をやっている意味がない」

と映画製作に賭ける情熱を語ったという。勝はいままでの鬱積した不満をぶつけるべく、採算を度外視して映画作りに心血のすべてを注いでいく。森田富士郎は当時の勝の心境を代弁する。

「勝さんは大映の量産態勢の監督のコンテに不満がありました。それで、自らオーナーになって理想を実現したかったんだと思います」

そんな勝に運命的な出会いが訪れる。

出会いと目覚め

勝プロの第一作は『座頭市牢破り』(67)になる。外部からフリーの社会派監督・山本薩夫を招いての一本だったが、シリーズ作の枠を出るものではなく、不満が残った。

「起承転結にとらわれない、分からない映画を撮りたい……」

次作を模索していた勝が出会ったのが、勅使河原宏《てしがはらひろし》だった。

勅使河原宏。一九六四年、安部公房原作の『砂の女』を監督し、その前衛的な作風が評価されてカンヌ国際映画祭審査員特別賞を受賞している気鋭の芸術派だ。銀座のクラブでたまたま居合わせた二人はすぐに意気投合、勝は勅使河原に勝プロ第二作の監督を依頼した。

そして作られたのが『燃えつきた地図』(68)だった。『砂の女』同様に安部公房の小説を原作とする本作は、勝の扮する探偵が失踪者の捜索をしているうちに自らも失踪者であるような錯覚にとらわれていってしまうという、勅使河原の作家性が前面に出た前衛的な作品となった。

ここでの勅使河原の演出に、勝は衝撃を受ける。コンテを作らず、スタッフにイメージを伝えるだけ。スタッフが用意したものを次々と壊し、捨てていく。現場ではその場での直感によって即興的に演出が進められていった。この無手勝流ともいえる勅使河原の監督スタイルを見た勝は「これならオレでもできる……」と確信を持つようになる。

真田正典は当時の状況を次のように言っている。

「それまでは監督というと、撮影所の助監督を一〇年やって作法を学んでからなるもんだという常識がありました。だから勝も自分には監督はできないと思っていたのです。ところが勅使河原さんはやっている。撮影所の作法を無視しても映画が撮れる。監督ができると勝は分かったんです」

自分の理想とする映画を撮るためには自分自身で監督すればいい。勅使河原との仕事を通じて、勝に映像作家としての意識が芽生えていく。ただのスターではなく創作者へ……。この覚醒が勝プロを、そして勝自身をやがて悲劇へと巻き込んでいくことになるのだが、その話は後に回す。

久しぶりのヒット作『人斬り』

一九六九年に公開された勝プロ第三作『人斬り』は、『燃えつきた地図』から一転、監督・五社英雄、脚本・橋本忍による、テロリズムと政治抗争に明け暮れる若き幕末の志士たちを描いたアクション色の強い娯楽時代劇だった。主役である〈人斬り〉以蔵の勝新太郎を筆頭に、その黒幕・武市《たけち》半平太《はんぺいた》に仲代達矢、親友の坂本竜馬に石原裕次郎、他にも辰巳柳太郎に三島由紀夫までが顔をそろえた。大映京都撮影所で撮られる久々の大作だった。

『人斬り』はこの年の年間配収第四位。七年ぶりにベストテン入りを果たし、大映配給作品としては待ちに待った大ヒット作となった。が、この大作を実質的に実現させたのは大映ではなく、共同製作として名を連ねるフジテレビだった。

一九六九年の『御用金』を皮切りに、フジテレビは映画製作に乗り出す。当時、テレビ局の番組制作能力はそれほど高いものではなかった。それを補充するため、各局とも映画会社と組んで一六ミリフィルムでのテレビ映画を製作していた。同時に洋画のテレビ放映も盛んに行われるようになり、テレビ局間の劇場用映画の争奪戦が激化、放映権料は高騰していった。

高い放映権料を払うなら、自分たちで作ったほうがいい。

ABC、CBSといったアメリカのネットワーク局が映画製作に乗り出して成功を収めているのを視察してきたフジテレビ首脳陣たちの間に、映画への志向が生まれていった。

一方、次々と進歩する通信機器、放送機材のための設備投資もまた重大な問題だった。そこでフジテレビは、通常の広告による営業収入の他に、事業展開して集めた資金を設備投資に回す戦略を採る。そして一九六八年に新たに事業局を設立、書籍の出版やテレビ通販を始めるなど、放送以外にも事業を拡大していった。

高騰する放映権料対策と事業拡大による設備投資用資金の獲得。二つの戦略の交わった点に「映画製作」があった。そして、当時フジテレビの株主だった東宝、大映、松竹の三社と一本ずつ映画を製作するという案が浮上する。

アナウンサーから事業局に異動した角谷優《まさる》の最初の仕事は、永田ら映画界首脳陣との話し合いだった。

が、各社とも五社協定の中で他の二社に遠慮があったのか、話はなかなか前に進まなかった。フジテレビでの映画製作という事業自体が中止になりかけたとき、映画サイドから新しい配給方式が提案される。

それは、各映画会社本体が直接フジテレビと共同製作するのではなく、たとえば東宝だったら系列会社の東京映画とフジテレビの共同製作にして東宝は配給のみ行うというものだった。この案に各社首脳とも納得し、第一作『御用金』の製作が実現することになる。

『御用金』では撮影中のキャスト降板や、テレビを蔑視する一部映画スタッフと五社、角谷との間の軋轢などの紆余曲折はあったものの、迫力満点のアクション時代劇が完成。特に岡崎宏三カメラマン撮影のパナビジョンによる大画面の映像は圧巻だった。当時、東宝がパナビジョンのエージェント権を持っていたのだが、その機材レンタル費の高さから使用を躊躇していた。『御用金』では、それをあえて使って撮影したのだった。

映画界でできない企画をフジテレビは見事成しとげたのである。さらにフジテレビは『御用金』をあらゆる番組をあげて宣伝、有楽座の観客動員記録を更新する大ヒットとなった。

五社流チャンバラの興奮

そして同様に大映の社内プロダクション・勝プロとの共同製作、大映配給で作られたのがフジテレビ映画第二弾『人斬り』だった。

『御用金』の大ヒットにより映画製作への自信を深めていたフジテレビは、『人斬り』にさらなる潤沢な予算を組む。

「お金をかけてもいいものを作ろう。いいものを作ればフジテレビの宣伝力をもってすれば大丈夫、そんな自信がありましたね」(角谷)

久しぶりの大仕事に、管理サイドの制約に苦しんでいた大映京都撮影所のスタッフたちが燃える。

「キャストも豪華で、大映のプログラムピクチャーなんて問題にならないような予算がかかっているわけですよ。それから橋本忍さんの脚本も素晴らしかった。撮影所の人間はホン(脚本)を読んだらある程度、上がりが分かるので、『人斬り』は面白い映画になると。製作意欲も違っていきました」(真田正典=製作主任)

「フジテレビも参加した大作でしたから、下手したら大映の恥になってしまう。そこに勝ちゃんが抜擢してくれたんです。それは励みになりましたよ。構え方としても、俳優も石原裕次郎をはじめ、三島さんとか錚々たるメンバーが来るわけですからね。どんな作品ができるかという期待感はみんなにありましたよ。それだから私には非常にプレッシャーがありましたね。そういうチャンスはそうそうあるもんじゃないから。しくじるとエライこっちゃなって」（森田富士郎＝撮影）

そして期待に震える大映京都撮影所に、五社英雄は黒塗りのハイヤーで乗りつけてくる。

どんな人間が降りてくるのか、と固唾《かたず》を呑んで見守る撮影所スタッフたちの前に現れたのは、真っ白のエナメル靴に白の麻の上下の背広、頭にはパナマ帽を被りサングラスをかけた、とうてい堅気には見えない男だった。それはテレビディレクター・五社英雄が初めて乗り込む日本映画の保守本流・大映京都撮影所のスタッフになめられまいとするパフォーマンス＝〈ハッタリ〉だった。

しかし、五社がスタッフたちを驚かせたのはその出で立ちだけではない。

『人斬り』のクランクイン初日は、辰巳柳太郎扮する吉田東洋が斬殺されるファーストシーンの撮影から始まった。

土砂降りの夜道。従者と歩いてくる吉田東洋。物陰から突然現れた刺客の不意打ちに従者は血飛沫をあげて倒れる。三人の刺客が東洋を取り囲む。雨が石畳に叩きつける音が支配する暗闇の中、四本の刀が妖しく光る。泰然自若とした東洋に近づけなかった刺客たちは、悲鳴にも似た絶叫をあげて斬りかかる。それを次々と東洋の刀が払いのける。水たまりをのたうち回りながら体ごと斬りかかる刺客たち。その刃を受け止める東洋の刀。が、刺客たちは二人がかりでその刀ごと東洋の首を押し斬ってしまう。ギリギリと……首筋に刃が食い込んでいく。ほとばしる鮮血。それでも東洋は死なない。血を滴《したた》らせながら刀を構えなおす。が、やがて意識が遠ざかっていき、息絶える……。

ずぶ濡れになり、泥まみれになりながら必死に殺そうとする刺客たち。それは凄惨で生々しい迫力に満ちた、立ち回りの様式を完全に否定した文字通りの〈人斬り〉の痛みが伝わるシーンだった。

そこには、五社一流の殺陣へのこだわりが込められている。

そもそも五社英雄の名を世間に知らしめたのは、テレビシリーズ『三匹の侍』（63・フジテレビ）でのリアルな殺陣の演出だった。

敵は次々と襲いかかってくる。丹波哲郎ら主人公たちは徹底的に走り、転げ回り、泥だらけになる。その上、刀で払いのけずに一人一人を上から下へしっかりと振り下ろそうとするものだから、必然的に緊迫感が生まれアクションが激しくなる。そのようにして、それまでの様式的な殺陣にはない、殺す・殺される、という闘争の肉感がみなぎる、本当の命がけの〈殺し合い〉の迫力を実現させたのである。

そして、〈殺し合い〉であることをより明確にするために五社が持ち込んだのが効果音である。刀の合わさる効果音や肉の斬られる効果音を極端なまでに入れることにより、映画に比べて画面の小さいテレビにおいて、殺し合いの迫力を表現させる方法論を確立したのだ。

その「殺し」のリアリズムについてのこだわりは相当なものだったらしく、当時ADとして『三匹の侍』に参加していた横田安正《あんせい》は次のように語る。

「とにかく効果マンが悩みましてね。それで、実際に人を斬ったことのある人に聞いてまわったんです。それで六種類の音を作って選んでもらいました。とにかくリアルにこだわっていましたね」

画面を見ている側にまで痛みや苦悶が伝わってくるような、五社の演出する〈殺人〉シーンはそれまでの大映京都撮影所の殺陣師のつけた殺陣の対極にあるものだった。参加していた大映京都のスタッフたちは衝撃を受ける。

「時代劇には各社専属の殺陣師がいて、どうしてもその方々を使うことになるんですけど、そうすると様式美ができあがってしまい、マンネリになるしかないんです。

『人斬り』の場合、五社さんが湯浅謙太郎さんという『三匹の侍』から組んでいる殺陣師を東京から連れてきて、怒鳴りながらこき使うんです。とにかく不器用な斬り方でやって、みんな必死で殺そうとするんですよ」（真田）

そして新鮮な感動の下、スタッフたちは各々の役割に全力を傾ける。

「初日からそんな撮影があったもんだから、みんなノったんですよね」（真田）

渾身の仕事

ファーストシーンの〈人斬り〉の仕上がりを迫力満点なものに仕立て上げたもう一人の立役者が、美術の西岡善信だ。

「五社さんに触発されて、我々もやりたい仕事をやらせてもらいました」

〈人斬り〉のシーンは土砂降りの雨が叩きつける石畳の坂道で行われる。そこで西岡がこだわったのは石畳からの雨の跳ね返りだった。烈しく水飛沫を立たせることで画面に一層の迫力をもたらせようという狙いである。そこで西岡は、通常ならプラスティックやカポックでできた石を使うところを、何十トンもの電車石をセットの中に敷き詰めて本物の石畳坂道を作り上げてしまう。それにより、雨は一層烈しく跳ね返るようになり、ずぶ濡れになりながらの〈人斬り〉に多大な効果をもたらしたのである。

カメラマンの森田富士郎は五社英雄と意気投合し、夜中まで撮影プランを練りながら大映仕込みのコンテ作りのノウハウを注ぎ込んでいく。五社も森田を信頼し、コンテ切りを全面的に任せて、自らは現場では演技指導に専念することができた。

撮影も、普段は予算の都合から敬遠されがちな大掛かりなロケーションが敢行された。潮岬、琵琶湖、そして京都御所……。

「映像的にもスタッフの要求を満たすようなロケーションができました」

そう語る真田正典は、五社のたっての希望で厚生省（現・厚生労働省）に掛け合い、御所での夜間ロケの許可を取り付ける。五社の狙いは御所の長い塀をワンカットで撮ることだった。そのためには、御所の塀全体を照らせるだけの照明が必要になる、とても困難な撮影だった。

「それはできませんと言うのは映画人として悔しいですから、何とかやりとげるわけですよ」

京都中だけでなく大阪からもゼネレーター（発電機）が取り寄せられ、この大掛かりな撮影は見事成功したのだった。

そして、この御所のシーンをはじめ、以蔵が屋根の上で夕日に照らされるシーン、以蔵が夕闇の中を駆けていくシーンの照明は絵画的な美しさで、担当した美間博は本作で日本映画技術賞を受賞している。

『人斬り』は世界最高の技術を誇る大映京都撮影所のスタッフたちが、その力を久しぶりに遺憾なく発揮することのできた作品だった。

それだけに、仕事を終えたスタッフたちには寂寥感と不安が残った。

「これで映画らしい映画ができるのは最後かな、と思いましたよ」（西岡）

倒産へのカウントダウン

『人斬り』の大ヒットは結局のところ〈焼け石に水〉だった。永田雅一の放漫経営は続き、末期症状に陥っていた。追い討ちをかけるように、一九六九年、勝新太郎と二枚看板を形成していた時代劇スター・市川雷蔵が死去、ジリ貧の会社には大ダメージとなった。

映画館を手放し、東京の本社ビルや京都撮影所の通称・グランプリ広場など資産を次々に売却していく。

その中にあって、別会計の勝プロだけは順調に豪華キャストの大作や野心作を重ねていった。一九七〇年には三船敏郎をゲストに招いた『座頭市と用心棒』と仲代達矢がゲストの『座頭市あばれ火祭』、翌七一年には香港のアクションスター、ジミー・

ウォングと『新座頭市　破れ！唐人剣』で競演、さらに同年には勝自身がついにメガホンをとった『顔役』が製作されている。この『顔役』で勝は、後の北野武やデビッド・リンチの演出を先取ったアヴァンギャルドきわまりない演出を見せており、監督としての才能の片鱗をうかがわせている。勝の旺盛な創作意欲だけが、末期の撮影所に灯を点していたのだった。

一九七〇年、大映は同じく経営危機の状態にあった日活とダイニチ映配を設立した。これは、両社の製作した映画を組み合わせて互いの系統映画館で配給するというもので、脆弱な配給網の補完と、単体での興行力に陰りが見えていた両社の映画の抱き合わせによる増収を図ったものだった。しかし、七カ月で四二本を配給して実収は二一億円と、三〇億円以上という当初の予想を大幅に下回る結果に終わってしまう。

この時期、大映京都製作の映画にはこれといって目立ったものはなく、低予算作品の連発にスタッフは嫌気がさしていた。そして、会社の末路を痛感するようになる。

「質的に金のかからない『おんな牢』ものとかね、あんなの作り出すとね、あれが限界かな、こういうのを作り出したら終わりだな、と。作品見たら分かるでしょ？」

（西岡）

「良い役者は使えなくなって内容がスカスカになりましたからね。撮影所の人間でも

ジリ貧は感じていましたよ」（真田）

一九七一年、日活がたった一年でダイニチ映配を離脱すると、もはや大映には単独で存続していくだけの力は残されていなかった。

赤旗はためく下で

破産が目前に迫り、労組が労働債権として京都撮影所を占拠、赤旗がはためく下でも製作は続いていた。それが大映京都撮影所製作としては初めてのテレビ時代劇『木枯し紋次郎』（72・フジテレビ）だった。しかし、組合が闘争中の撮影所にあってはなかなか撮影が進まなかった。

東映を離れフリーの立場で『紋次郎』の現場に参加していた記録の野崎八重子は、当時の様子を次のように振り返る。

「領収書を渡されて上の人に「名前だけ書け」と言われて、給料がもらえないこともありました。倒産するゴタゴタで毎日組合運動してましたから、昼の撮影が終わったら「今から組合運動です」でストップですよ。それで中村敦夫さんと二人でボーッとしてました。行く部屋もないしね」

そこで、フジテレビサイドと非組合系スタッフの束ね役の西岡善信の話し合いにより、第四話以降は太秦から少し離れた貸スタジオ・宝プロ撮影所で撮影が行われることになった。

　一方、勝プロもまた実兄・若山富三郎主演の『子連れ狼　子を貸し腕貸しつかまつる』の撮影を終え、同時上映予定の『座頭市御用旅』の撮影準備にかかっていたが、これも仕方なく隣接する松竹京都映画の撮影所を借りて新たにセットを組みなおして撮影することになった。

　その最中、大映がついに倒産する。組合の吊るし上げに遭った京都撮影所長は辞任して逃亡。スタッフだけが残る撮影所には管財人がやってきた。

　会社は倒産し、撮影所から所長がいなくなった。『座頭市御用旅』『子連れ狼』は東宝が買い取ることになり、『木枯し紋次郎』の製作も継続となった。しかし、その受け皿のないままでは、参加している非組合系の契約スタッフたちにはギャラが払われなくなってしまう恐れがあった。会社対個人では圧倒的に個人が不利である。こうして京都・東京の両撮影所に契約者連合が誕生、東京の代表には増村保造監督が、京都の代表には西岡善信がそれぞれ就任した。が、東京は管財人からの一時金だけ受け取って早々と解散。それでは不服とする京都勢だけが残った。

映像京都の設立

『木枯し紋次郎』の演出をしていた市川崑の発案により、新しい製作プロダクションが設立されることになる。

それが映像京都だった。

市川崑が京都の製作者連合の面々を一人一人説得して回り、三隅研次監督を代表に森一生、池広一夫、安田公義、井上昭らの監督に西岡善信、内藤昭（美術）、宮川一夫、牧浦地志、森田富士郎（撮影）、中岡源権、美間博（照明）、真田正典（製作）、中村努（宣伝）といった錚々たる大映京都のメインスタッフたちがこれに参加した。勝新太郎も本名の奥村利夫名義で名を連ねた。

明日の仕事すら分からなくなっていた状況下にあって、スタッフたちも動揺していた。それだけに、映像京都が設立されたことは大きかった。『大魔神』『人斬り』『ある殺し屋』などの照明を手掛けてきた美間博は、映画界を離れるつもりでいた。

「今まで大きな会社があったのが、無くなりましたからね。仕事がないと食っていけません。妻と相談しまして、子供のこともありますし、照明の仕事をやめようかと思っていたんです。それで映画と関係ない会社の面接を受けに行きました。そしたらそこの社長、私のプロフィール見て、エエこと言いましたね。「来てほしいのは、明日からでも来てほしい。そやけど、こんだけ賞取って、こんだけの腕があったら、やめたらもったいない」って。なるほど、そう言われればそうや、と。そんなときに映像京都ができて、「コッチ来い」と誘われまして、映画に残ろうと決心したんです」

代表は三隅であったが、実質的な束ね役は引き続き西岡善信が務めた。「映像京都で撮影所を買い取ってそれを母体に」という案が出されるが、西岡がこれを拒否する。「撮影所にはたくさん物があります。何かが起きて経済的に成り立たないとまず撮影所を売ってしまおうというのが多いので、撮影所やなしに人だと。人を母体に、風林火山やないけど人の輪で作ろう、と」（西岡）

こうして映像京都は、撮影所を母体とせずに、結集した映画技術者たちが〈人の輪〉によって自らの手で運営する製作会社として誕生したのだった。

そして、この大映倒産→映像京都設立によってスタッフたちが得たもの、それは解放感であり、思いのままに仕事のできる未来への希望だった。

「映画が斜陽になったという考え方はどうかな、と思う。僕らとしては映画からテレビへと行く中で、むしろ映画作りのセレクトちゅうのかな。非常に自由にやれるようになったので大映が倒産してよかったな、と」（西岡）

「大映の倒産は気にならなくて、むしろセイセイしましたよ。フィルムの制限とかデータ主義とか、あのころの会社は現場の都合なんて無視していましたから。俳優とスタッフがいれば管理職なんていらないんです。こちらは腕さえあればいつでも撮れますから。斜陽化なんて管理職の論理ですよ」（森田）

「ああいうプロダクションだと事務系統が誰もいらないんです。いままでだと所長とか部長とかおったのが今度はプロデューサーが一人ですから。あとは全部、現場の人間。いままでは〈長〉のつくのがずいぶんお金を使ってたんですけど、それがいらない。入った金の全部を画《え》につぎ込めますから、そりゃあエエ画ができましたよ」（美間）

一方、助手クラスのスタッフたちは独自に組合を作って撮影所を占拠。他社の仕事を数多くこなしながら活動資金を集めて、撮影所の閉鎖を防いだ。思いは一つ。最高の技術を誇る大映京都のスタッフたちを分散させたくない。数多くの名作が作られた撮影所を人手に渡したくない。仲間たちとずっと仕事がしたい……。

当時、撮影助手だった宮島正弘もその一人だ。大映の倒産後、電通からも話が来ていたが、それを断って組合に参加している。

「あのころは僕らの目的は一つでしたから。映画を作ろう、と。僕らは、こんな素晴らしい会社を失くすのは忍びがたかったんです。あのころは〈技術は大映、お客は東映〉というような言い方をしてましたからね。この技術を何とか残していきたいという気があったんです」

組合のスタッフたちは映像京都のスタッフたちの助手として『木枯し紋次郎』などに参加していく。

こうして、大映京都撮影所は会社の倒産にもかかわらず、以前と同じ、いやそれ以上の活気を見せるようになった。

自分たちの腕次第で切り開いていく喜び、それは厳しい管理体制にあったスタッフたちが最も夢見ていたものであった。

自分たちで、やりがいのある仕事を選択できる。何も分かっていない人間たちに押し付けられて、やりたくない仕事をやる徒労感をもう味わわなくていい。〈映画産業の斜陽〉によって、彼らはそれを手に入れたのである。

一般的には、この時期に日本の映画産業はいったん終焉を迎えたととらえられているが、映像京都のスタッフたちには、これが〈自分たちの映画史〉のスタートになった。

『紋次郎』と市川崑の狙い

大映の倒産により、厳しい管理体制から解放された世界最高のスタッフたちが最初にその腕前を発揮した場所、それは映画ではなくテレビだった。

『木枯し紋次郎』である。

『木枯し紋次郎』は、そもそもは市川崑監督が映画『股旅』(73・ATG)を撮る資金集めのための作品であった。

それまでの「股旅」ものといえば、村上元三や長谷川伸に代表される、日本人の情に訴えかける「泣かせ」の物語だった。市川崑は『股旅』において、そうした「泣かせ」の部分を徹底的に解体して、冷たく乾いた世界観を構築してゆく。冒頭五分にわたって延々と続く主人公・黙太郎(萩原健一)たち三人の若い渡世人の「仁義切り」に始まり、日常を必要以上に丁寧に淡々と追う。雨風を受けてボロボロになった道中合羽に破れかけた三度笠、主人公たちの薄汚い表情、惨めな生活。そうした生活感のディテールの積み重ねが、「粋でイナセな渡世人」像を脱却させて、「逃亡農民のなれの果て」というリアルな新しい渡世人像を作り上げていった。

そうしたキャラクター造形は、『股旅』のデモンストレーションである『木枯し紋次郎』でも発揮されている。渡世人・木枯し紋次郎の存在を絵空事のヒーローにしないように、ここでも、その日常が細かく映し出される。旅支度の身拵えの仕方、荷物の中身、食事のとり方の一つ一つが丁寧に描写され、また、舞台となる街道や宿場、渡世人の生活についての蘊蓄が芥川隆行のナレーションとして入る。主人公だけではなく、舞台設定にもリアリティが重視されて描かれていた。

第一話「川留めの水は濁った」と、(撮影順での第一話である) 第二話「地蔵峠の雨に消える」両方の冒頭のシーンで紋次郎像ははっきりと提示されている。それは「人と積極的に関わらない男」である。

第一話の冒頭、紋次郎が賭場で博打をしていると、そこに「賭場荒し (いまでいうカジノ強盗)」がやってくる。大混乱になり、渡世人たちは次々と斬られてゆく。その中を紋次郎は淡々と出ていこうとする。助けを求める渡世人に対して紋次郎はこう言い放つ。

「あっしは面倒なことに関わりはもちたくないんで」

第二話の冒頭も同様。街道の片隅で苦しそうに腹を押さえている渡世人がいる。そこを紋次郎が通りかかる。紋次郎は速度を緩めることなく、そこに誰もいないかのように通り過ぎてゆく。

シリーズの顔ともいえる、この一、二話のファーストシーンで、紋次郎というキャラクターに対してのイメージは決定付けられたといえるだろう。その後も紋次郎は、村に野盗が向かっていることを伝えてほしいと頼む血まみれの百姓を無視し（第三話）、盗賊に追われている姉弟を無視し（第六話）、地回りに連れ去られた女郎仲間の身請け人を助けてほしいと頼む女の願いを無視し、渡世人たちに輪姦される女の脇を通り過ぎて（第一二話）いる。最終的には、無視しきれずに関わっていくことになるのだが、ほとんどの時代劇ヒーローが「困っている人を見ると放っておけない」キャラクターであることを考えると、紋次郎の存在は特異だといえるだろう。

映像京都のこだわり

その特異な世界観を映像化するには生半可な技術では無理だ。そう判断した市川は、かつて『炎上』（58）などを監督した際にそのクオリティの高さを目の当たりにしてきた大映京都撮影所のスタッフたちに白羽の矢を立てる。そして、大映の倒産により、撮影途中からは映像京都として『紋次郎』の撮影に参加することになったのだった。

これまでテレビにまったく関わることなく、映画の世界で数々の賞に輝いてきた映像京都のスタッフたちにとって、テレビでの仕事は、プライドが許さないものでもあった。

「それはね、テレビなんてあんな小さな画面ではやりたくなかったですよ」（中岡）

しかし、それでも彼らは『木枯し紋次郎』において、映画と同じようにまったく妥協のない仕事をしてみせた。それは大映の縛りを離れて自由に思う存分その腕前を発揮できるという熱い思いによるものであり、同時に自分たちの力を世間一般に再認識させる強烈なデモンストレーションでもあった。

「『紋次郎』では作り手の主張というのを大事にしました。寒村の、間引きが横行する荒れた風土ですよ。綺麗に作るよりも腐って傾いた佇まいを意識して、その土地にある雰囲気を徹底していったんです」（西岡）

美術の西岡善信がこだわったのは、紋次郎の寂しい心象風景＝〈木枯し〉の世界を作り出すことだった。農家、廃屋、居酒屋、女郎部屋、地蔵堂……西岡の作ったセットはいずれも、長年の雨風に耐え忍び、人間が生活してきた痕跡を感じさせる、手垢や埃の雰囲気まで伝わる江戸時代の田舎の煤《すす》けた質感にあふれていた。それは荒んだ寒村のリアルな姿であり、紋次郎の精神世界そのものであった。

寂しい〈木枯し〉の世界を丹念に紡ぎ上げていくこだわりは、撮影スケジュールにも及ぶ。

「青葉の繁っているときは木の実もあるし屋台もある。まったく木の実も屋台もない〈木枯し〉の枯れたところに紋次郎というドラマは設定されているのやから、グリーンのあるときはこのドラマの撮影はしませんでした。グリーンのある間にホンを作って気候に合わせて撮影をしていって。テレビのオンエアとかそういった規制には一切関係なくね。〈木枯し〉というドラマから設定される風景とかを大事にするのを一にしました」（西岡）

それを照らし出す照明も「枯れた」情感に満ちたものになっている。

「監督が市川さんでカメラが宮川一夫さんの仕事ですから、テレビということは忘れて本編（劇場用映画）のつもりで撮りましたよ」

と、中岡源権は言う。この照明へのこだわりもまた、西岡美術と並ぶ映像京都の技術の真骨頂といえるものである。

大映流撮影・照明術

映像京都の照明の二枚看板は中岡と美間博である。その一致したこだわりは「天然に逆らわない」ということ。それは絶えず光源の位置を意識した照明である。屋外なら太陽という光源に逆らわずに、その時間、季節、天気に合った照明を。屋内なら、昼は庭の白砂から障子に反射して室内に光線が入ったり、夜は行燈を通して光が分散したり、と直射の光線の当たらない日本家屋特有の光の当たり方をといった具合に、その作り出す照明は自然の情感に即したものになっているのである。

「影の出方もその濃さも、曇りの日、室内、時刻……と入ってくる太陽の強さで変わってきます。台本から読み取って、そういったことを計算していくのです。どこから光が来ているのかというところまで、見ている人に分からせたいですね」（中岡）

「電気のない時代の照明ですから、室内には障子越し、行燈越しにしか光は入らんのです。ですからほとんど影はできないはずなんですよ。天井からバアッと光を当てて影を作ってはイカンのです」（美間）

中岡、美間両人ともに休みの日には一日中、寺の縁側に佇み、そこに入り込んでくる光を見ながら、日本家屋特有の照明の勉強をいまでも欠かさないという。

つまり、大映京都流の照明とは、多くのテレビのような、画面を見やすくするための照明ではなく、むしろ、描線を淡くさせる照明であり、それは画面を自然の情感に近づけるためのものである。

そしてもう一つ、映像京都には大映以来の伝統で、撮影部にも照明部にも「魅力的な黒」こそが時代劇の画面を引き立たせるというポリシーがある。もともと、カメラの特性上、画面では光線の当たっていない部分はすべて黒になる。しかし、映像京都では、照明部はその黒をあえて作るために強いライトを当て、撮影部はその光を創意選択しながら宮川一夫以来の伝統で黒を基調に色彩を整え、その引き締まった黒によってメリハリのある画面を構築しているのである。カメラマンも照明技師も、「自分なりの黒」を作れたときに初めて一人前なのだという。

『木枯し紋次郎』の画面もまた、「魅力ある黒」によって引き立っている。夕景の河原で風になびくススキの黒、遠くに見える山々の黒、月明かりに照らされた土壁の陰にできる黒、行燈に照らされた人物の影の黒……。

西岡善信による木の質感たっぷりの建物と、照明部が作り上げた自然の情感と黒いシルエットが、美しいロングショットで映し出されていく。

『木枯し紋次郎』の毎回のラスト、紋次郎は画面に背を向けて寂しく歩いていく。それは小さな黒いシルエットにすぎない。しかし、映像京都の作り出した背景の詩情感がそれを受け止める。寂しさと同時に去来する暖かさ。そこから感じ取ることのできるのは、人間の寂しさや空しさであり、空気の乾きであり、包み込む優しさである。

それは、すなわち、紋次郎のメンタリティそのものであるといえる。背景自体がドラマを伝えているのである。

映像京都のスタッフたちは撮影所で培ってきた日本映画本流の技術を遺憾なく発揮して、感動的で迫力ある画面を作り上げた。第一シリーズ最終回の視聴率は三二・三％を数え、紋次郎の「あっしには関わりのないことでござんす」は、一九七二年の流行語になった。『紋次郎』で、映像京都は確かな歴史的第一歩を示したのである。

座頭市、テレビへ

一方、勝プロは大映倒産後、東宝の配給で映画製作を続けていた。しかし、そのラインアップは『座頭市』『悪名』『兵隊やくざ』と、あれだけ大映時代に嫌がった人気シリーズの繰り返しになっていた。

そんな勝のもとを、『人斬り』以来、交流を深めていたフジテレビのプロデューサー角谷優が訪れる。当時、フジテレビは、ＴＢＳに負けっぱなしだった木曜日夜八時の番組枠のテコ入れに必死だった。

「よそのやらないものを考えろ」という編成局長・武田信敬の指令を受けて、角谷は勝の担ぎ出しに乗り出したのである。

「座頭市をテレビでやってもらいたい」と勝プロ幹部に提案したものの断られた角谷は、勝への直談判を決意する。

「テレビで座頭市を見せたい。斜陽の映画に比べてテレビは何百万の人があなたの座頭市を見る。もっと多くの人に見てもらいたいと思いませんか」

角谷の熱い訴えかけに勝も心を動かした。勝もまた、映画興行の枠の中で製作を続けていくことに限界を感じていたのである。見渡せば、石原裕次郎、三船敏郎、中村錦之助（萬屋錦之介）……かつてのスタープロの同志たちは皆、テレビの世界に定住している。

「面白い」

が、もう一言付け加えることも忘れなかった。

「でも、オレの好きにやらせてもらうよ」

その言葉に角谷は躊躇する。長い付き合いを通して、勝の凝り性、〈作る楽しさ〉を覚えてしまった芸術志向をよく知っていたからだ。しかし、「座頭市を毎週できたら、これほど画期的なことはない」と腹をくくり、勝の要求を呑む。

『座頭市』のテレビ製作に猛烈に反対したのは、製作力強化のためプロデューサーとして映像京都から勝プロに移籍していた真田正典だ。真田は〈脚本の二本持ちでの二話同時撮影〉という当時のテレビ時代劇の量産態勢に反感を抱いていた。

「そういう仕事はやりたくありません。辞めさせてもらいます」

しかし、勝もそういった撮影をする気はなかった。

「オレもテレビは知らない。カメラが小さくなるだけだ。映画と同じように撮るんだ」

それを受けて角谷は製作費がかかる覚悟を固め、通常なら一話一二〇〇万円のところを二〇〇〇万円という破格の予算を用意する。

「テレビ局にいながらも、私も頭には映画のことしかありませんでしたから。いいものを作ろうということで勝さんとは一致していました。セットにもロケにも金を惜しんでくれるなというほうに回りましたよ」

スタッフには勝手知ったる映像京都のメンバーや組合のスタッフが参加。大映時代劇黄金期さながらの座組で一話ずつ丁寧に撮られることになる。そのため、角谷は放送の四カ月前に撮影をスタートさせた。

こうしてテレビ版『座頭市物語』は一九七四年、放送へとこぎ着ける。

贅沢な製作状況

『座頭市物語』は、温かくお茶の間に迎えられる。

勝の人脈から呼ばれた、石原裕次郎、浅丘ルリ子、緒形拳、中村翫《かん》右《え》衛門《もん》、北大路欣也ら日本の映画演劇陣総出演ともいえる豪華ゲストが毎回を彩り、円熟味を増した勝新太郎＝座頭市に絡む。充実した芝居が妥協を知らない映像京都のスタッフたちの作り出した深みのある画面に乗って送り出される。毎回がグランプリ作品のような佇まいを漂わせる、この重厚な娯楽作は高視聴率を記録した。

一方で、現場では苦しいやりくりが続いた。放送四カ月前に撮影が始まったにもかかわらず、第一話のクランクアップまでには一カ月半かかってしまい、その後もじっくりと撮影は進んでいった。徐々に放送日までの貯金は無くなり、角谷は放送当日に編集が終わったばかりのフィルムを持って京都から新幹線に飛び乗り、本番三〇分前に放送用のテレシネに持ち込むというスリリングな日々が何週間も続いた。

それでも、「みっともないものは出せない」とシリーズを成功させるために必死の勝が作り出す作品のクオリティは圧倒的なもので、誰にも異論はなかった。

一切妥協しない勝の方針の下、製作陣は綱渡りのスケジュールをこなしながら、一九七五年四月に『座頭市物語』は当初の予定通り二六話で放送が終了する。角谷は勝の負担を軽くするべく、火野正平、ヒデ（出門英《でもんひで》）、桃井かおり、原田芳雄らのレギュラーを周辺に配した、娯楽色の強い『痛快！河内山宗俊』を企画する。

そして一年後に再開されたのが『新・座頭市』だった。このあたりから、勝新太郎の芸術家としての自意識が頭をもたげ始める。

ただでさえ勝のオーナー企業である勝プロの製作で、すべては勝のコントロール下にある。その上に、第一シリーズの大ヒットも重なったことで、勝新太郎の存在は絶対的なものになっていった。彼の製作方針は良く言えば製作至上主義、悪く言えば直感的で気ままなものであった。

外注製作が基本のテレビ時代劇では、テレビ局から製作会社に一本単位で予算が出される。製作会社はそこから製作費を捻出し、差額が利益になる。映像京都ではスケジュールと予算は一時間作品＝一週間を基本に立てられる。一方、東映では二本持ちで一本につき六日間の計算になっている。早くスケジュール通りに仕上げれば、キャスト、スタッフの人件費や設備費がかからない上に、本数もこなすことができる。つまり早く撮れれば、その分だけ収入が増えるシステムになっているのである。『座頭市』の場合、フジテレビからの予算は通常より大きく、しかも直接受注。儲けようと思えば、どこまでも儲けられるはずだった。

が、勝新太郎はそうしなかった。

「採算を考えるなら会社を作った意味がない」

そう。勝プロはもともと、勝の理想の映画作りをするために作られた会社だった。

平均して一本撮るのに二週間、長いときは数カ月をかける。一本いくらの契約だから日数をかければかけるほど、収入は減ってしまう。それでも勝新太郎は時間をかけた。納得するまでどこまでも。製作日程は勝のマイペースのまま進んでいった。フジテレビからの製作費のすべてが作品に注ぎ込まれていった。

勝プロの常務としてすべてを引き受けた真田正典は、当時の状況を次のように振り返る。

「通常、テレビは一話を五、六日で上げないと間に合いません。そうなるとゲストの拘束はできて二、三日です。しかし、勝は本人が納得するまでホン直しをして現場に来ません。現場に入っても、気に入らないと撮影中止になります。撮り終わった後にラッシュを見てそのシーンを撮り直すこともありました。ですから、ゲストのスケジュールに合わせて二週間飛んで撮影が行われることもありました。その間にも機材やらスタジオのレンタル費は取られるわけですから、ものすごい製作費のロスになりました」

勝のこだわりの強いマイペースな進行を物語るエピソードは、当時のスタッフたちには事欠かない。

照明の中岡源権の話によると、撮影中に突然、「雪がないか」と言い出して北陸に撮影に出たり、座頭市が一日中ゴロゴロ転がっているだけの撮影をしたこともあったという。テレビシリーズの場合、毎週一本の放映が義務付けられているため、できるだけタイトな現場運営が求められる。無駄はなるべく少なくしたい。その中にあって勝新太郎の直感型の現場運営は型破りなものである。

井上昭監督は当時のことを「贅沢な製作状況」と振り返っている。

「一話に二〇日くらいかかりましたから。スローペースで撮ることができたんです。僕が「波が足りない」と言うと勝っちゃんはアッサリと「じゃあ行ってきてよ」と言いまして。それで一泊して波だけを撮りに行くなどということもありました」

映像京都のスタッフたちにとっては、そうした勝プロでの仕事は歓迎できるものであった。映画斜陽期から大映倒産という満足な仕事のできない時期を経た彼らには、潤沢な予算とスケジュール、新鮮な緊張感の中での仕事は充実感のあるものであった。シリーズの中で数多くのエピソードを担当した照明の美間博は、「クレーン使うところを二〇メートル上からハイライトで当てたりね。夜間ロケなんかでは月明かりが屋根瓦に当たっているエエ光線ができるんですよ。給料は回らんけど、仕事にはエエ金が回るようになりました」と証言する。

また、勝もカメラ、照明、美術といった長い付き合いのスタッフたちに全幅の信頼を置いて、彼らの仕事に口を出すことなく好きにやらせた。そして何よりも、勝プロがテレビで製作を続けてくれたおかげで、スタッフたちは離れ離れにならずに昔のままのチームワークで仕事を続けることができた。スタッフたちは勝の旗印の下、一丸となって座頭市の世界に挑んでいった。

薄れる境界

しかし、回数を重ねるにつれて製作状況は混沌を深めていった。

俳優・勝新太郎、監督・勝新太郎、社長・奥村利夫（勝の本名）、そして自ら演じる座頭市……。製作現場で勝が絶対的になっていくにつれ、それらに対しての勝の中での境界が崩れていった。

オレが座頭市なんだから、他の人間に市のことが分かるはずがない。自分＝市の頭の中にだけ作品の世界は存在している。それが勝新太郎の思想だった。

描かれる世界、映し出される画面はすべて座頭市＝勝新太郎の心象。製作も現場も、その思想の下に運営される。

中岡が興味深いエピソードを語ってくれた。

勝は市を演じながらカメラの後ろに立つ。その視線はゲストの芝居に向けられる。そして彼のイメージを画面に叩きつける。そのため、そのシーンでの市の存在を忘れてしまう。

「勝っちゃん、市が写っとらんがな」

作品世界が、市と一体化した勝新太郎の視線からのものになってしまっているのである。だから、そこには座頭市はいない。市はカメラの後ろ側ですべてを見つめているのだから。

また、次のようなエピソードがある。目が見えなくても目をつぶって太陽を見上げれば赤いように、市も赤だけは分かるはず。ならば画面を真っ赤にして芝居をできないだろうか。勝新太郎は中岡にそう言っていたという。勝新太郎にとっての『座頭市』の世界は市＝勝の視界なのである。

市は見えない目で何を見ていたのか。市の心には何が映っていたのか。それを追い求め映像としてどう表現するか、勝の頭にはそれしかなかった。それは市と一体化した自分自身の心象表現に近づくことである。だから、すべてが主観的でなければならない。

「座頭市が息絶えるシーンを撮りながら実際のオレも息絶える。そういうシーンを撮りたいんだ」

生前、勝は真田にそう語っていたという。

勝は社長である自分、監督である自分、役者である自分の区別がなくなり、絶えず座頭市であり続けた。そして、座頭市に関して他の人間が自分に先行することを拒否する。

当時、勝の座付き作家であった中村努は、勝新太郎との脚本作りを次のように語る。

「『市が走る』とト書に書いたとき、市が走るか走らんかは俺が決めるって言われました」

市であるオレ自身が知らないのに、どうして他の人間に分かるんだ。ここは座頭市の世界、この世界は自分の心象世界なのだからすべては勝新太郎の直感だけが価値基準になる。他の人間が全体像を把握して、予め計算して臨むことを許さない。先に何が起こるか分からない、その混沌と混乱が勝の出した正解であった。

脚本の否定

そんな勝が真っ先に否定したのは脚本の存在だった。脚本は、ドラマの核であると同時に設計図であり、すべてのキャスト、スタッフの共通認識である。脚本を通してドラマの流れを理解して、どこで何をどう撮れば、どう演技すればいいのかを計算して撮影現場に臨む。勝にはそれが気に入らない。他人が市の行き先を知っていることが許せないのである。脚本の存在は邪魔なものでしかなかった。

シナリオがなくても、座頭市がいる、女の子がいる、それだけでいい。後は成り行きに任せて芝居すればいいんだ。勝は中村努にそう語ったという。

市と同化した自分が動き、それにつれて物語が、ドラマが生まれていく。それが勝新太郎の真実である。演出、脚本を通して他の誰かが市をコントロールすることはありえない。

森繁久彌がゲストで出演したときのことだ。中村努のことを勝は、森繁に次のように紹介したという。

「コイツがこれを書いた中村。でも脚本は使わないから」

設計図である脚本が無視されるから、現場でも、市である勝以外には何をしているのか、すべきなのか分からない。撮影しながら、その役者が何の役でどんなドラマを演じ、どうなっていくのか分からない。そういったことが多々あったと中岡は語ってくれた。小池朝雄と大滝秀治《ひでじ》がゲストに来たときもアイディアが固まらなかったために結局撮れなくなり、流れてしまったという。また、先ほどの森繁がゲストの回も、中村は一本分の脚本しか書いていないのに、現場で二人の芝居が長引いてしまって二話に延長されてしまった。

脚本作りのしわ寄せはすべて中村にかかってきた。勝の脚本直しがあまりに時間がかかるものだから、台本ができあがる前にゲストが東京から来てしまうことも日常茶飯事だった。そんなときは、お茶を濁すためにとりあえず撮影をする。そうして夜になって中村が呼び出され、二人でアイディアを練っていった。何も浮かばないときは、ただ勝の傍らにいるだけ、ということもあったという。当時の中村は一日三時間寝たらいいほうで、父親の初七日の日にも呼び出されていた。

台本が完成した後でも、それは勝新太郎によって毎日解体される。結局、中村が呼び出されて、勝のその日のアイディアを脚本化し、号外としてスタッフに配られる。それでも上手くいかないときは撮影自体がなくなる。

照明の美間博は次のようなエピソードを披露してくれた。

「勝っちゃんに「この後の撮影どないなるんや」って聞いたら「明日になるまで分からん」なんて言いよるんですわ」

一方で、大映時代からの盟友・井上昭監督は、そうした勝のやり方を楽しんでいる。

「感性が通じるところがありましたね。互いに「先が見えるのが嫌だ」って。それで、役者に何も言わないで現場を始めることもありました」

そうした勝新太郎だから、監督の存在が有名無実化してしまうこともある。全一〇〇話のうち一六本を勝が演出しているが、それ以外のほとんどの回も、提案という形で演出に介入した。若手監督が撮るときなどは、勝の代わりに「スタート!」「OK!」を言うだけの役割に終始することもあったという。

「監督が「勝さんどない言うとる?」と聞きにきたこともありましたよ」(中村)

勝の理想

そこまでこだわり抜いた勝の目指した理想、それは何だったのだろうか。

「見慣れたもの、いままでやってきたものは腐っている。いままでに見せたことがないもの、なおかつ面白いものを見せるのが表現だ。常に新しい勝新太郎を見せていきたい」

真田の話によれば、絶えず勝はそう思いながら臨んでいたという。勝が目指したのは、幼いころに見た六代目尾上菊五郎の境地だった。それは、芝居の枝葉を切り捨てて余計なリアクションを否定するというものだった。何よりも嫌ったのが、型にはまったパターンの芝居だった。

「そんなのはトゥーマッチだ」

それが勝の口癖だった。

どこかで聞いたことのあるストーリー、どこかで見たことのある映像、大袈裟に誇張された芝居、説明のための表現、そのすべてが勝にとって「トゥーマッチ」だったのである。

結果として、そうした理想の下で撮られた映像は主観的で抽象性の強いものばかりになる。

そうすることで、分かりやすさ、説明や情報性のためのシーンは削られて、勝＝市の心象を映し出した映像詩が、緊密で美しい抽象的な統一感の中で綴られていくことになっていった。

その美意識が頂点に達したのが『新・座頭市』第二シリーズ第一〇話「冬の海」(78)である。演出、脚本はともに勝新太郎が担当した(脚本は勝の本名・奥村利夫と中村努の共同名義）。

不治の病に冒された少女（原田美枝子）と座頭市が海辺のあばら屋で、残り少ない日々を送る。その営みが水墨画のような淡い色彩で淡々と描かれている。

どこまでも続く砂浜の荒野、荒れ狂う冬の海、叩きつける波の音、空を舞うカモメの群れ、灰色の空を見つめる少女、理由もなく涙ぐみ、浜風がその透明な青白い顔を叩きつける。黒く長い髪が風になびく。そして、それを見つめる（？）座頭市。

時おり、刺客が襲ってくるが、そこにドラマはない。あくまでも座頭市と少女を、死と直面した運命共同体にするための状況にすぎない。荒涼たる海辺と薄暗いあばら屋の中だけで一時間弱の物語が展開される。そこにあるのは、間近の死を前提とした、ほんの一瞬の生の安らぎを共有する二人の小さな人間の姿だけだ。

座頭市「夕焼けがキレイだ」
少女「どうして分かるの？」
座頭市「そんな気が、今、フッとしたんだ」
少女「市さん、夢を見る？」
座頭市「見るってことは見るんだけど、音がね、音がワッと近づいてきてワッと向こう行っちまうんだ」

少女は命の最後を市の絵を描くことに費やす。が、市はその絵を見ることができない。絵描きの少女と盲目の中年男という設定のコントラスト、明るい空と暗い海と少女の青白い顔という映像のコントラスト……。その映像からは、人間の切なさや絶望、そしてそれらを包み込む市＝勝新太郎の行き場のない優しさが伝わってくる。これは、どこまでもリリカルな映像詩である。試写に感動した中村努が勝に「こういう情感や人と人との関わりはホンには書きようがありませんわ」ともらすと、勝はこう答えたという。

「それでいいんだ。市、少女、海の三文字だけ書いてくれれば、俺はできる」

セリフはギリギリまで削られ、ＢＧＭの代わりに波の音、カモメの鳴き声が使われる自然音だけの世界。この情感だけの一時間は、一切の「トゥーマッチ」を排していた。それは、勝新太郎が座頭市の内面に限りなく近づこうとする、作家としての姿勢そのものであった。

少女　「見て……（と絵を差し出す）」

座頭市「見させてもらうぜ……ああ、よく描けている」

絵に描かれているのは羅刹《らせつ》の座頭市に寄り添う天女の姿。
少女はそのまま眠るように息を引き取る。
あばら屋の戸が破られて、敵が乱入してくる。
座頭市は言葉もなく涙を流しながら敵を斬り伏せる。
絵が風で飛んで冬の海へ消えてゆく。

勝新太郎が描こうとした座頭市の心象、それは、「天女に包まれる座頭市」という少女の絵が示すように、魂の救済である。しかし、その救済は市に触れることなく消えていく。それでも勝＝市は『新・座頭市』の中でそれを求め続けた。

孤独な男

中村努は当時の勝新太郎を次のように分析する。
「安住の地はありませんでした。目指すところのない革命児の悲劇です。見つけようとしたが見つからない神にすがろうとして、自らが神になろうとした。絶えず違うと思って探し続けた。クランクアップしたときがいちばん辛かったのと違いますか？ 撮っているときこそが至福のときだったんです」

絶望と魂の救済、そしてまた訪れる絶望。勝＝市は逃げ場のない絶望の螺旋の中で蠢き続ける。映画や第一シリーズのような庶民のためのアウトローヒーローの姿はどこにも見当たらない。空しく彷徨う弱い人間がいるだけだ。それは、表現の限界を追い求めるあまりに袋小路に迷い込んだ勝新太郎の姿そのものである。

「彼の場合、見えないものを見ようとするあまり、迷路にはまり込んで、自分が見えなくなる危険性もありました」（井上昭）

ありものを否定し、純粋に自分の理想を追い求める勝。だからこそ、他人の仕事に納得がいかなくなる。『新・座頭市』の第二シリーズのクランクアップ後に始まった映画『影武者』の撮影では黒澤明監督と対立、不可解な降板事件へと発展してしまった。

黒澤と揉めるほどだから、他の監督との仕事はもってのほかになる。今村昌平の『復讐するは我にあり』、大島渚の『戦場のメリークリスマス』、野村芳太郎の『鬼畜』……後に映画史に残ることになる名作への出演オファーを勝は次々と断っていく。

「このままじゃあ勝さん、一人っきりになってしまいまっせ？ どうするんですか？」

中村努の言葉にも勝は止まらなかった。結局、勝自身しか勝を撮ることのできる監督はいなくなってしまったのである。その結果、何をやっても座頭市になってしまう……。

「なんぼいい魚釣ってきても、カマボコ（＝座頭市）にしかならない」

勝は中村にそう洩らしたという。

「自分を観察し、人を観察し、座頭市から逃げられなくなったんです。自分自身との闘いに終わったワンマンショーでした」（中村）

そして、勝＝市がその内面へ向かえば向かうほど、余人の入り込む余地はなくなり、製作では勝自身が、作品内では座頭市が神の域へと近づいてゆく。その結果、作品は抽象性を強め、大衆性や娯楽性は失われてしまった。

「ながら視聴の客はオレにはいらない」

「見巧者には分かるが、普通の人には分からなくていい。分かる人にだけ見せている」

こうして大衆の支持は失われていき、視聴率は急落していく。マイペースな製作で赤字ばかりが膨らんでいった。

「一年間働いて赤字にしかならないなら会社は潰れるしかなくなってしまう。もう少し分かりやすく作ったらどうですか」

真田は掛け合うが、勝は、「お前はオレに堕落しろというのか」と割り切ることができなかった。

真田にもまた、「勝プロはプロが見て羨ましいものを作っている。誰もが考える最高のレベルにしたい」というプライドがあった。だから、勝の芸術的な志向に抗しきれないものがあった。

映像作家としての深化と、時代劇スターとして、経営者としての周囲の期待に対する責任、その葛藤の中で『新・座頭市』は終焉のときを迎えようとしていた。

フジテレビの苦悩

それでは、勝新太郎のこうした作品作りを、当時のフジテレビはなぜ、受け入れたのだろうか。

「受け入れたくないけど、受け入れざるをえなかった」

角谷に代わって『新・座頭市』のプロデューサーを担当したフジテレビ・中本逸郎は、当時の心境を、そう語ってくれた。

「いくら言っても向こうは言うこと聞かないんだから、こっちが受け入れるしかない」

そこには、やむにやまれぬ、当時のフジテレビの事情があった。

七〇年代のフジテレビは営業的には低迷期で、「ドラマのＴＢＳ」「スポーツの日本テレビ」に視聴率面で大きく差をつけられていた。その中で、『銭形平次』『江戸の旋《か》風《ぜ》』といった時代劇は安定して高視聴率を稼いでいた。また、営業サイドの求めるオールターゲットを狙えるコンテンツとしても時代劇は最適であり、低迷する局の大黒柱であった。時代劇であれば大歓迎という当時のフジテレビの編成戦略にあって、知名度、人気の高い座頭市の存在は営業的にも編成的にも、局のプレステージを高める目玉だったのである。

それだけでなく当時の上層部の意向として、局製作を極力減らして、外注にドラマ製作のほとんどを委ねるという合理化の方針があった。プロダクション不介入が前提のルールであり、製作会社のやりたいようにやらせてダメなら打ち切り、局の人間にはプロデューサーを名乗らせない。それが当時のフジテレビだった。

そのようなフジテレビの状況下では、勝の存在は局プロデューサーよりも強大なものになり、勝の仕事を受け入れるよりほかにない。

それでも、中本は勝と激しくやり合ったと言う。彼は凡百のプロデューサーではなく、時代劇でも十分な実績を残している。人気が低落していた加山雄三を周囲の反対を押し切って『江戸の旋風』の主役に起用して成功、ロングシリーズ化して加山を再びスターダムに返り咲かせたのは中本の慧眼によるものである。また、同シリーズを、『太陽にほえろ!』『十三人の刺客』を意識した若者向けの集団劇として企画し、必ずしもハッピーエンドにこだわらない内容にするなど、ドラマ作りに対しても深い造詣があった。

それだけに、勝新太郎に対しても強い意気込みをもって臨んだ。

「映画とテレビの違いをどう認識させるか。勝新太郎にテレビを注入して考えを変えさせるのが僕の仕事でした」（中本）

そこで中本が提案したのが「女性路線」の導入だった。

「勝さんは〈男と男の世界〉を望みました。しかし、それでは女性から拒否されてしまう。そこで相手役には必ず女性を入れたんです。〈座頭市と二六人の女たち〉で構成したい、と。それで吉永小百合、いしだあゆみといった第一線の女優に座頭市が絡むようにしてもらいました。つまり、第一シリーズ『座頭市物語』までは映画の焼き直しだったたんです。第二シリーズ『新・座頭市』からが本格的なテレビ的な焼き直しといえます」

しかし、それが逆に事態に拍車をかけてしまったようである。中村努は次のように指摘している。

「勝さんは女優さんにいい格好をしたがるんです。その方を綺麗に生かすために話をその場で作っていきましたね」

そして、そこにこそ、勝新太郎が観念的に求めることがあったのである。

「勝さんは母親が好きでした。だから、それを思わせるシーンは喜びましたね。母になりたい。母を求める。それは幼児性に近い優しさでした」（中村）

「冬の海」での「天女に包まれる座頭市」が示すように、勝新太郎が求め、すがった神、それは「母性」であったのかもしれない。

そのため、中本の狙い通りに女優たちが座頭市と絡めば絡むほど、逆に作品は抽象的、観念的になっていってしまった。

中本はそのころを「受難の時代」と振り返る。

「受け入れたわけではないです。ああいった作品は作らないでほしかった。ただ座頭市というソフトには営業的な力があった。だから受け入れざるをえない。勝という怪物を受け入れるという中でやっていかざるをえないんですよ」

このままだと座頭市がダメになる。その危機感が中本にはあった。そして、勝の仕事に不満を持ち始めた上層部の意向を胸の中に閉じ込めて、中本は勝に数々の注文を出し、『新・座頭市』に何とかエンターテインメントとしての体裁を作ろうとした。

「このままでは番組の寿命がなくなる」

彼もまた、勝の才能を、京都の時代劇文化を愛していた。

「どこかで勝新太郎に対する天才芸術家という認め方をギリギリまでしていた」

「京都の時代劇文化を残すんだ、それしかなかったね」

そうした中本の努力も空しく、勝新太郎の芸術家としての自意識は内面世界へと突き進む。そして、自分たちの方を見なくなったヒーローを、視聴者は見放し、番組は営業的な力を失い、勝を抑え切れなかった中本は編成から外される。

外注が中心のテレビ時代劇にあって局プロデューサーは、ただ一人のテレビ局の利益代表者である。すべての責任を一人で背負わなければならない。編成と製作の板ばさみになって、立場を失ってしまう。その苦渋は想像を絶するものである。

最後の戦い

一年間、撮影し続けても赤字しか残らない。いくら新しいものを追い求めても限度がある。そうした中で勝も勝プロも、疲弊していく。

「座頭市が疲れている。俺も疲れたよ」

と洩らした勝は、真田にフジテレビとのシリーズ中止に向けての交渉に行かせた。そして最終シリーズ一〇〇話をもっての終了が決定する。

そして、勝＝市には、最後の戦いの場が与えられる。

月曜八時。それは平均視聴率三〇％を超える「お化け番組」と化した『水戸黄門』の裏だった。

「座頭市の惨めな最後は見たくない」

中本は猛反対するが、勝新太郎は思う存分に最後の戦いに挑む。

「誰にも見られなくていいや、という作り」

と中本が評するその最終シリーズは、『水戸黄門』ではなく、勝新太郎と座頭市との決着の場となった。

そのきわみに達したのが最終回「夢の旅」だ。前衛の巨匠・勅使河原宏を監督に迎え、三五ミリカメラを使用して数カ月の撮影期間を要した。予算は通常の三倍以上かかった。予算を使い果たす勝プロイズムの集大成ともいえる製作態勢の中、座頭市の夢の中で勝＝市の心象がシュルレアリスティックに語られる。そこでは、目を開いた座頭市が、ひたすらに何かから逃げ続けている。その姿は、内面世界を、映像表現の可能性の極限を追い求めるあまりに情念の袋小路に迷い込んで蠢く勝新太郎そのものである。

そして、ラスト、座頭市の前に姿を現したのは勝新太郎自身だった。市の最期はオレが決める。自分以外の人間に座頭市を終わらせることはできない。そんな思いが伝わってくる。勝の命令で斬り刻まれた座頭市は、太陽を追い求めながら死んでいく。

中本に代わり、最終シリーズのプロデューサーを担当した重村一《はじめ》がラストシーンの思い出を語ってくれた。

琵琶湖畔に三階建てビルの高さの大階段が建てられ、座頭市がその階段を駆け上がってゆく。それは、嫌な現世を捨てて天に昇る、神に近づこうとしているように見えた。そして、何でこんなことをしているんだろう、というような苦悶の表情で息を切らして上がっていく勝新太郎に、もの作りの真髄を見た。重村は、そう語る。

この大階段のセットは、座頭市が琵琶湖から奈落へと飛び降りるシーンを撮影するための台に登るために作られたものである。そのため、本編に映るのはほんのわずかな秒数で、しかも階段を駆け上がる勝の背中だけだ。しかし、重村の目には間違いなく天へ向かって駆けていく座頭市の姿が映っていたのである。

彼が見たのは、苦悶の中で神の存在を、自らの魂の救済を、映像表現に見出そうとした一人の芸術家の葛藤ではなかったのだろうか。間違いないことは、勝新太郎が座頭市を通して神を求め、神になろうとしていた姿が重村の目に映っていたことである。そして、それが九〇年代になってフジテレビが「時代劇ルネッサンス」ともいえる豊潤な作品を生み出す原点になる。

重村一は後に編成局長として、一度は途絶えていた時代劇路線を復活させ（第三章参照）、『八丁堀捕物ばなし』『御家人斬九郎』といったフジテレビ・映像京都の共同製作による名作時代劇が誕生する土壌を作る。また、『新・座頭市』に最初から最後まで関わった中本逸郎は、映像京都を経営面でバックアップするために一九九八年にフジテレビが株主になったときの財務担当役員である。

勝新太郎がわが身を削って実現させた〈最高の仕事〉が、〈世界最高峰〉の技術の拡散を防ぎ、いまに伝える礎となったのである。

映像京都の快進撃

一方、映像京都はその後も順調に活動を続けた。

一九七七年には、映画『本陣殺人事件』（75・ATG）の製作に参加した縁で毎日放送の「横溝正史シリーズ」を手がけ、その第一弾『犬神家の一族』は視聴率四〇％超えを果たしている。『紋次郎』に続く大ヒットを受け、「映像京都はテレビをやらせたら視聴率を稼ぐ」というのがテレビ業界の定説となっていった。

映画でも、一九八〇年代に入ると、快進撃が始まる。映画大手各社ともに撮影所システムが崩壊したため、監督たちにスタッフ選択の自由が与えられ、卓越した技術力を誇る映像京都のスタッフたちが引く手数多になったのである。

映画『人斬り』で強固な信頼を築いた五社英雄監督とは、『鬼龍院花子の生涯』（82）を皮切りに『陽暉楼《ようきろう》』（83）、『北の螢』（84）、『櫂《かい》』（85）、『薄化粧』（85）、『極道の妻たち』（86）、『十手舞』（86）、『吉原炎上』（87）、『肉体の門』（88）、『２２６』（89）、『陽炎』（91）と、その全作品に西岡善信（美術）と森田富士郎（撮影）が参加し、八〇年代ならではの〈女性文芸路線〉の映画たちに彩りと格式をもたらしていった。特に五社の遺作となった『女殺油地獄《おんなごろしあぶらのじごく》』（92）では、五社の執念に応えるようにその技術を余すことなく発揮して、西岡、森田に加えて照明の中岡源権がその年の日本映画技術賞を総ナメにする。

同様に西岡、中岡、森田は、勝プロ時代からの付き合いである勅使河原宏監督作品にも『利休』（89）、『豪姫』（92）と相次いで参加、国の内外で高い評価を得ている。

近年では山田洋次監督の『たそがれ清兵衛』(02)、『隠し剣　鬼の爪』(04)でも西岡の美術と中岡の照明は絶品で、庶民の貧しい暮らしや厳しい自然といった山田流時代劇のリアリズムをさらに深いものとして提示し、その変わらぬ底力を見せつけた。他にも岡本喜八、市川崑、大島渚、黒木和雄、篠田正浩らも、時代劇を撮る際には映像京都を頼りにした。

これを可能にしたのは、自らも職人である西岡善信の経営方針が大きい。

「仕事が入るとスタッフは個々にギャランティを貰いまして、それの五%を会社に納めることになっていました。すると、どんどん仕事の入る人は五%でも相当な額になる。だから上限を決めて、年間一〇万を超えたらそれ以上は払わなくていいという風にしまして。それを二〇年くらい続けたら、そんなことしなくても会社としてやっていけるようになりました。それで、会社として積立金が何千万になっていたんです。それは家を買う、車を買うというときのために会社が無利子で貸すというように置いていたんですけど、それをみんなで分配しました。貯蓄すると欲が出てきますから。

やっぱり大映というのは社長の永田雅一さんというのがいて、製作部長とかいっぱいおりましたから、それで会社のシステムに合わせてやらんとイカンという制約がありました。

でも、フリーになれば責任もある代わりに、いろんな指図を受けるということがないから自由にやれるんです。映画やテレビは自由に作らないと、喜びもそうですし、苦労も逆に苦労じゃないんですよ。その意味では、会社システムの中にいた方がいいのか、フリーの方がいいのか、というのであれば、自由に作っていくというのが基本的なことだと思いますし、それが映像京都の根幹ですね。他の会社でそれをやったら成り立たないですよ。映像京都は会社っていったって経営の金がいらんのです。社長の給料が月一〇万で後は事務員が二人ですから」(西岡)

映像京都の紡ぎ出す映像が他に比べて格調高いのは、彼らの培ってきた技術力はもちろんだが、経営を気にすることなく資金のすべてを現場に注ぎ込むことができるのも大きかった。それだけではない。スケジュールや現場での活動の一つ一つをスタッフサイドの都合で運営できる。つまりは完全な製作本位、熟練の匠たちの力を思う存分に発揮できるシステムになっているのである。

「映像京都」のクレジットは、時代劇における大きなブランド価値となっていった。錚々たる監督たちが海外の映画祭に出品するような時代劇を撮るとき、そこには必ず映像京都のスタッフの名前がクレジットされている。そのステータスにふさわしい時代劇を作るには映像京都の力は欠かせないものとなっていたのだ。

「中のドラマの仕組みは別にしまして、何で私たちの時代劇が評価されるのかというと、外国の人間が見ても分かる所までベースが出来ているからなんです。日本人は諦めて半端な時代劇でも見ていますけど、中途半端な作りの時代劇を持っていっても海外じゃあダメですよ。海外の監督が撮った映画と対等に賞を争えるベースのものを出さないと無理なんです。現代劇はテーマの問題とかありますけど、時代劇は向こうの一流どころに負けないベースが出来ていないと相手にされません」（西岡）

[文庫版附記]　名匠たちの仕事

映像京都の匠たちは、細かい点まで行き届いた職人仕事で時代劇に彩りを与えてきた。ここでは改めて、それらの見事な創作の数々を振り返ってみたい。

テレビスペシャル『丹下左膳　剣風！百万両の壺』
（一九八二年、フジテレビ・俳優座映画放送・映像京都）
[注目場面]「こけ猿の壺」の登場シーン
[注目の匠]西岡善信（美術）、福井啓三（装飾）

いつも本物志向の映像京都らしく、本作でも西岡は物語の鍵を握る小道具「こけ猿の壺」をわざわざ信楽の工房で焼かせている。が、それだけでは終わらないのが映像京都の凄いところだ。

五社英雄が壺を存分に使ったアクション演出ができるよう、装飾の福井啓三は何種類も用意しているのだ。まずは遠景・中景・近景、それぞれのカメラ映りに合わせて違う大きさ・デザインで作られた壺が三種類。くわえて終盤に仁和寺五重塔の上から落として割るシーン用の壺がもう一つ。さらに、壺の奪い合い・投げ合いといったアクションシーンを壺の割れるのを気にせずに思う存分に撮影できるよう、壊れないゴム製の壺を作り上げる……といった具合に撮影上の用途に合わせて五種類の壺を用意してみせた。

作品をより豊かなものにするためには手間隙を厭うことなく工夫を凝らす。それもまた、映像京都の特色の一つなのである。画面の裏側にもまた、映像京都の凄味は隠されている。

テレビスペシャル『花隠密』

（一九八三年、フジテレビ・俳優座映画放送・映像京都）

［注目場面］霧雨の中での切腹

［注目の匠］中岡源権（照明）、川勝基生（撮影）、西村伊三男（特機）、福井啓三（装飾）

藩同士の名誉を賭けて栽培した花の美しさを競い合う〈花合戦〉という不毛な争い

に巻き込まれ翻弄される人々の悲劇的運命が、移りゆく季節の花々の情感たっぷりの映像とともに切々と描かれている。

圧巻は物語の序盤、主人公の父親が〈花合戦〉の敗北の責任を取って庭先で切腹するシーンだ。霧雨の降る夜の庭先には一面の花菖蒲が咲き乱れ、その中で腹を切るのだが、その背後では波打つように舞い落ちてくる霧雨が照明に照らされて、白いカーテンが風にそよいでいるように映っている。これこそ中岡流照明の真骨頂。その月明かりが照らす雨露と花々の美しさが、この異様な物語の世界を儚く映し出しているのだ。

他にも、絶望的に暗い吹雪、夕景のススキ野原での決闘、そして主人公がようやく巡り会う紫花菖蒲の美しさ……。季節感たっぷりの映像を存分に堪能することができ、映像京都ならではのこだわり抜かれた美意識を随所に味わえる。

映画『女殺油地獄』
（一九九二年、フジテレビ・京都映画）
［注目場面］婚礼のシーン
［注目の匠］西岡善信（美術）、中岡源権（照明）、森田富士郎（撮影）

映像京都と数多くの名作を残してきた五社英雄監督の長年温めてきた渾身の企画であり、その遺作でもある。それだけに、映像京都のスタッフたちも病をおして撮影に挑む五社の執念に応えるように、その集大成ともいえる技術を惜しげもなくつぎ込んでいる。

当時の工程を忠実に再現した油屋のセットを始め、遊郭・長屋・船宿……。西岡の美術は大阪の生活・風俗文化を細部に至るまで妥協なく作りこむ。さらに主人公たちが心中を図るススキ野原など、ステージ内にロケーションさながらのセットを組み、大映京都伝統の技を見せつけた。そのセットは外も内もいつもスモークが深く立ち込めている。室内は行燈の薄明かりだけ、屋外の日差しは低く弱々しい。中岡の照明の照らし出すこうした描線の淡いシルエットが、人間の儚さを伝える。森田も望遠レンズでの近距離撮影や真上からの俯瞰ショットといった得意の技法を駆使して、嫉妬渦巻く情念の世界を切り取っていった。

特に物語中盤、八幡堀で撮影された婚礼シーンが素晴らしい。無数の花火が夜空を飾り、舟々の提灯が川面《かわも》を照らす。華やかで、それでいて儚げな一夜の祭……。今から思うと、間近に迫る五社との惜別に対するスタッフたちの心象が映し出されているように見える。

テレビシリーズ『八丁堀捕物ばなし』第三話「花あらし」

（一九九三年、フジテレビ・映像京都）

［注目場面］菜の花畑

［注目の匠］西岡善信（美術）、福井啓三（装飾）

江戸の情緒と季節感、それとともに移ろう江戸の人々の営みを描き出す本シリーズは、ディテールに至るまでの心配りに定評のある映像京都ならではの企画といえるだろう。

西岡は八丁堀の同心長屋の軒々を生活感たっぷりに作り、福井は使い古された質感までも伝わってくる小道具の数々を生み出して、江戸風俗の雰囲気を忠実に再現していった。

特に、季節感を表す描写にこだわりが見られ、第三話「花あらし」では、〈菜種梅雨〉と呼ばれる春雷の季節の風情を出すために、ラストの立ち回りの場面設定を菜の花畑にしている。といって、自由に動き回れるような菜の花畑がそうあるものでもない。なければ作る、それが映像京都の基本姿勢だ。何もない河原に花を運びいれ、一本一本植えていって、一面の菜の花畑にしてしまう。しかも、撮影の季節柄、菜の花を用意することができなかったため、似た花に細工を加えてそれっぽく仕立てあげたのだという。

映像京都の作品は画面の隅々まで見逃せないということを、改めて痛感させられるシーンである。

テレビシリーズ『御家人斬九郎』第三シリーズ第一〇話「待ちぼうけの女」

（一九九七年、フジテレビ・映像京都）

［注目場面］ラストの屋台

［注目の匠］美間博（照明）、浜名彰（撮影）、西村伊三男（特機）、西岡善信（美術）

昼は船宿で芸者をからかい、小舟に揺られて徳利片手に日向ぼっこ。日が暮れれば馴染みの居酒屋で酒を飲み、明け方近くに長唄混じりに千鳥足で帰宅する……。現代人から見れば羨ましくて仕方ない、粋な日常を描いた本シリーズの最大の魅力は、なんといっても主人公・斬九郎（渡辺謙）と芸者・蔦吉《つたきち》（若村麻由美）の関係だろう。

互いに惹かれ合いながら付かず離れずの関係、互いの想いを知りながらの意地の張り合い……。宙ぶらりんの間柄を楽しんでいるかのようなやりとりが微笑ましく映し出される。

中でも出色が、この屋台のシーンだ。燈篭と屋台の提灯がボンヤリと照らす月明かりの路地に粉雪が舞う。雪に足をとられて倒れそうになる蔦吉を支える斬九郎。そのまま見つめ合う二人。が、互いに憎まれ口を残して別々の道へ。しばらくして振り返る蔦吉の視線の先にいる斬九郎を雪が包み込んでいく。

西岡美術による年月を刻み込んだ風情まで伝わる屋台、淡い月明かりを照らし出す幻想的な美間の照明、そして西村の降らせる優しい粉雪。画面越しに酒の甘い香りが漂ってきそうで、思わずこちらまで酔ってしまう映像である。

映画『たそがれ清兵衛』

（二〇〇二年、松竹）

［注目場面］清兵衛の家（特に家の中）

［注目の匠］中岡源権（照明）、西岡善信（美術監修）、島村篤史（装飾）

一貫して〈庶民目線のドラマ〉を作ってきた山田洋次監督が、時代劇でその理想を実現するに当たり映像京都と組むのは、必然的なことだった。彼の目指す〈生活臭のするリアルな時代劇〉は〈土の匂いのする時代劇〉を作り出してきた映像京都のスタッフたちにはお手の物だからだ。

細部に至るまで、貧しい田舎武士の家の侘びた風情が作りこまれているセットからは、主人公の〈たそがれ〉た厳しい生活の様子が見る側の実感として伝わってくる。

そして、山田監督の全幅の信頼の下、〈雪国には雪国なりの照明がある〉と、中岡はその〈たそがれ〉の世界を淡く照らし出す。屋内は、北国特有の弱い日差しが微かに漏れ入るだけでいつも昼なのに薄暗い。夜になっても、蠟燭・行燈の照らすわずかな範囲だけ薄明るく、それ以外は真っ暗だ。外も内も、昼も夜も、いついかなるときも主人公を〈たそがれ〉が包み込んでいるのである。

第三章　松竹京都映画と「必殺」シリーズの実験

置き去りになった撮影所

「僕はものすごい亜流なんですよ」

松竹撮影所で製作された『鬼平犯科帳』や『剣客商売』、「必殺」シリーズなど、数多くの時代劇の編集を行ってきた園井弘一は、自らをそう語る。

なぜ、「亜流」なのか。

戦前から、松竹は京都に二つの撮影所を持っていた。一つは太秦、もう一つは下加茂だ。一九五〇年、下加茂撮影所は可燃性フィルムの自然発火による火事で三分の一が焼失。翌年、GHQによる時代劇製作制限が緩和されると、松竹は時代劇拡充の方針を打ち出し太秦撮影所を増築し、第一撮影所に昇格させる。その一方で、火事の後遺症の残る下加茂撮影所は五二年に傍系の京都映画株式会社に売却した。

一九六五年には、おりからの映画不況のあおりを受けて松竹は京都での映画製作の中止を決定。太秦撮影所からは退職者二〇〇人、配置転換一一二人ということになり、それ以降、貸スタジオになってしまう。

下加茂撮影所では京都映画が細々とテレビ映画の製作を続けていた。そこは置き去りになった撮影所といってても過言ではなかった。

そんな下加茂撮影所に、園井は編集スタッフとして参加することになる。当時二〇歳。まさに、「亜流」からのスタートだった。

当時、京都映画はスタッフの数が少なく、回ってくる仕事も昼のメロドラマや子供向け時代劇など、低予算の番組ばかりだった。決して会社の経営は芳しいとはいえない。こうした状況に対して忸怩《じくじ》たる思いを抱いていたのが、京都映画のプロデューサー・佐々木勇（康之）だった。佐々木は状況を打開するために、若手スタッフの積極登用に踏み切る。

「当時はとにかくスタッフがいなかったんです。それで右も左も分からない若者を縁故で入れまして。古手のスタッフに教えてもらいながら、若返らせていったんです」

こうして若手に大きなチャンスが訪れる。当時、日本大学の学生だったカメラマン・石原興《しげる》もその一人。休学して荷物運びのバイトとして京都映画に来ていた。

「当時、テレビ映画はマイナー扱いなんですよね。ですから撮影所にも年寄りと若いもんしかいなかったんですよ。映画の落ちこぼれのキャメラマンと僕らみたいな若いもんが組んで、断層がすごかったんですよね」

大きな仕事のできない京都映画には〈置き去りになった〉ベテランスタッフとバイトとして参加する若手しかいなかったのである。テレビが映画より下に見られていた時代、しかもそれが低予算となれば、ベテランの映画スタッフよりも、金もかからず機動性に富んだ若手のほうが重宝がられるのは必然的な話だろう。

「映画会社がおちぶれてきまして新しい人間を入れない、と。その端境期でしたから。僕らの上が七年くらい空いていたんですよ。ですからテレビの仕事なんて予算が少ないわけですから、ギャラの低い我々がやってたんです。昼の一五分帯ドラマと子供向けばかりでしたから、スタッフはだいたい若いもんか初めてやるのか、そんなんですよ。それがとっかかりでしたね」（園井）

そうした中で、園井、石原ともに二四歳の若さでタイトルクレジットに名を連ねることになる。それは、徒弟制が前提の当時の映画界では考えられないスピードだった。下加茂撮影所が人材のエアポケット状態にあったことが、こうした異例のチャンスを生み出したのだった。

こうした中で、彼らは独自のチームワークを築き上げていく。

「みんなホントにファミリーみたいでしたよ。女房や子供といるより彼らといるほうが長かったですから。でも、経営的には厳しかったですね。給料も遅配が多くて。そういうときは「僕の分はいいから、アイツらを先に頼む」とかね。みんな立場を超えてガッチリ組めたんですよ」（佐々木）

佐々木の全面的なバックアップの下、若手スタッフたちは年間一三〇本のテレビ映画をこなしながら貪欲に仕事を学んでいく。前章で大映京都撮影所に他社の撮影所のスタッフが研修に来ていたことを書いたが、実は、そうした研修を積極的に行っていたのが京都映画のスタッフたちだった。石原や、後に彼と名コンビを組むことになる照明監督の中島利男は、大映京都撮影所の臨時スタッフとして参加することで、当時世界最高峰を誇る技術を吸収していった。

大きかったのは、映画産業の斜陽化に伴い、松竹がテレビ時代劇の製作受注を増やしたことだった。それらの多くを京都映画が孫請けしていたのである。そのため若手スタッフたちは早いうちから第一線の監督たちと仕事をすることができた。

大きな転機となったのが、一九七〇年のテレビドラマ『がめつい奴』だった。監督は松山善三。木下恵介門下の、松竹大船の正統をいく監督だ。

「京都のスタッフは若い」

打ち合わせの席で松山にそう言われた石原は発奮する。

「若いというのは〈青い〉ということですからね」

撮影初日と二日目は、移動車を使った難しい撮影ばかりさせられた。「これはテストされてるな」と気づいた石原は、「NGは出せない」と気合いを入れて挑む。そして、三日間、NGを一回も出さなかったことで松山の信頼を得たのである。

「あの人がボクの先生ですよ。アングルではなくルールをね。監督から学ぶことは一杯ありましたが、キャメラマンからは学ぶことは何もなかったです。ですから、あとで工藤（栄二）さんから「お前ら、どこで勉強してる？」と言われたときは、「勉強してへん。教わったことは何もない。自分でやらんとしょうがないんや」と話しました」（石原）

また、園井弘一も『雪之丞変化』（70・フジテレビ）で五社英雄、深作欣二、森川時久という気鋭の監督たちの撮ったフィルムの編集をするなど、一流の仕事を経験していく。

こうして映画界一般では忘れられた存在となった下加茂撮影所には、ベテラン並みの経験を誇る若者たちが誕生した。そしてその経験と機動力が、映画からテレビへと時代の趨勢《すうせい》が移り変わっていく中で、彼らをメインストリームへと押し上げていく。

「そのころは映画がダメになっていった時代ですよ。それで映画からキャメラマンがドッと流れてきますよね。映画の人は助手がいろいろ仕事を分担するんですけど、こちらは二四、五（歳）のころからキャメラマンとして全部一人でやってきましたから、スピードがあるんですよ。しかも向こうは年に一、二本、こちらは年に一三〇本やっ

てますからね。二、三年で経験の差は歴然としてくるんですよ」（石原）

プロデューサー・山内久司の覚醒

ハイスピードで技術を培っていった京都映画の若手スタッフたちの才能が一気に開花することになるのが、一九七二年に放送開始された『必殺仕掛人』になるわけだが、その前に、「必殺」シリーズの立役者になる朝日放送のプロデューサー・山内久司が、いかにして『必殺』にたどり着いていったのかを追ってみたい。

一九六八年に『助左衛門四代記』で時代劇のプロデューサーとしてのデビューを果たした山内は、主演の山田五十鈴《いすず》に岡田茉莉子、藤村志保、樫山文枝、池内淳子らトップスターを競演させた。さらに翌年の『戦国艶物語』も同様に岩下志麻、若尾文子、星由里子といった各映画会社のトップを並べ、脚本に映画『宮本武蔵』シリーズの鈴木尚之を起用するなど、絢爛豪華なドラマ作りをしていた。しかし、いずれも視聴率は決して芳しいものではなく、無力感を味わう。

「映画に近づこうとしていたんですね。大艦巨砲主義でいってたんですよ。五社協定の中、映画会社に日参して俳優呼んできてゴッツい金かけたわけですよ。朝日放送の金食い虫、言われましてね。日夜予算オーバーしてましたよ。ところが、視聴率はそ

こそこなんですよ。それでフと、何でオレは……って思うんですよ。これは違うんじゃないか、と」（山内）

そんなおり、山内は付き合いのあった脚本家・田村孟《たけし》を通じて、佐々木守と出会うことになる。佐々木守は田村と同じく、大島渚率いる創造社の気鋭の脚本家だった。そして山内は田村、佐々木との交流を通して一つの思想に目覚めていく。

「テレビは常に日常に帰る」

当たるかどうか分からない大艦巨砲よりも、破壊力のある小型飛行機へ。ドラスティックな発想の転換を行った山内が、一九六九年の『月火水木金金金』を経て翌七〇年に作ったドラマが『お荷物小荷物』だった。この作品は家政婦によるホームジャック（家庭の主導権奪取）をテーマにし、さらに出演者がセリフをトチッたのをそのまま流したり、主演の中山千夏が突然視聴者に語りかけたりと、山内と佐々木の考える「日常回帰」の思想を具現化したものだった。

同時にそれは、大阪からの東京への反抗でもあった。

当時のドラマ界は『肝っ玉かあさん』『ありがとう』に代表される、TBSの石井ふく子プロデューサーによる「明るく楽しい」ホームドラマの全盛時代であった。TBSのネット局であった朝日放送にも同様のドラマ作りが編成、営業サイドから要求されていた。山内はこれに抵抗感を覚える。

「大阪ではホームドラマは無理なんですよ。あれは東京の下町の話、江戸っ子の話ですから。これは大阪では撮れない。なんぼ頑張っても風土が違うんですよ。大阪の下町ではガラが悪くなってしまって、ＴＢＳみたいな温かい話にはならんのです。でも、それが向こうの営業の人間には分からない」

そこで山内は、石井ふく子のホームドラマを独自に分析した。その結果、

１．長セリフを日常語のように話す役者を起用。２．江戸っ子と下町のドラマ。３．きわめて保守的な思想。４．ワンセットの屋内劇

という特色を導き出す。そして山内はその逆をいき、オーソドックスなホームドラマを解体することで、自分なりの、大阪発なりのホームドラマを編み出した。つまり、

１．観念的セリフをリアリティをもって演じる役者を起用。２．風土性をなくす。３．思想は反保守。沖縄やアイヌ問題など現代的なテーマを進んで盛り込む

というもので、「ワンセットの屋内劇」という点だけを踏襲した。また、思想に走りすぎることがないように、「大阪的リアリズム」つまり〈お笑い〉の精神を根底に置いた。

そのようにして作られた『お荷物小荷物』は〈脱ドラマ〉として話題を呼び、大ヒットを記録。山内は一躍ヒットメーカーとして時代の寵児になっていった。

『必殺』の誕生

そんな山内の前に裏番組として立ちはだかったのが『木枯し紋次郎』だった。『木枯し紋次郎』は、時代を背負った作品だった。社会とは進んで関わろうとしない乾いた主人公像、ロングショットがとらえる山々、自然光や和紙の情感を再現した照明、ハーフトーンの色調で統一されたカメラ、土くささの漂う美術。画面の端々から伝わってくるすべてが、乾いて寂しく、それでいて優しいメンタリティを映し出した。

一方、山内が製作した『君たちは魚だ』はそれまでと同様に、水泳のオリンピック候補選手を題材に、国家と個人のあり方について問題提起した作品だった。が、『木枯し紋次郎』に視聴率で惨敗し、番組は打ち切られる。山内、佐々木コンビが提示してきたアクチュアリティ表現は、映像京都のベテラン映画スタッフたちの作り上げた画面の迫力の前にあまりに無力だった。

朝日放送は当時、TBSのネット局であり、全国放送される製作番組の視聴率低下は、番組枠の削減につながる、直接的な死活問題だった。その放送枠を守り隆盛に導くのがプロデューサーの至上命題なのである。

山内はいつも、戦いの中から新しい地平を開拓する。TBSで放送される他番組に対する「縦の枠の戦い」から山内は「脱ドラマ」を生み出した。そして『木枯し紋次郎』という裏番組に対する「横の枠の戦い」が始まった。山内の課題はただ一つ「打倒、紋次郎」である。

幸い『木枯し紋次郎』は第一シーズンが終了し、数カ月の休憩に入る。その間にいかにして視聴者を取り戻すか？

山内の導き出した結論は至極単純なものだった。より迫力ある時代劇を作る。『木枯し紋次郎』以上の迫力を持った時代劇を、と原作候補を読み漁るうちにたどり着いたのが、池波正太郎による二本の中編小説「殺しの掟」「おんなごろし」だった。いずれも、金をもらって人を殺す闇の殺し屋「仕掛人」の生き様を描いたピカレスク小説である。

闇社会の掟の中でもがき苦しむ浪人・西村左内の姿を描いた「殺しの掟」と、鍼医者という人の命を救う表稼業を持ちながら、裏では「仕掛人」として人の命を奪う女好きで食道楽の享楽主義者・藤枝梅安を描いた「おんなごろし」、この二本を組み合わせて『必殺仕掛人』の企画が生まれる。

一九七二年一〇月、朝日放送の広報誌『放送朝日』には『必殺仕掛人』について次のような紹介文が書かれている。

「従来のテレビの常識を破る企画であり、アンチ・モラルな素材への挑戦でもある」

山内の狙いは〈新しい時代劇の創造〉にあった。そこで山内が行ったのが、「日常回帰」といういままでの自分のドラマ思想と、打倒・紋次郎のための迫力ある時代劇の融合であった。そこで、まず山内は三つの製作方針を確立する。

一、日常性の尊重
二、仕掛人のイメージとして社会的信用の高い人を選ぶこと
三、事件は、現代的であること。脚本家には現代劇のつもりで書いてもらうこと

日常性の尊重――つまり、ホームドラマ的な日常のシーンを必ず入れるようにする、ということである。それは、食事のシーンに代表される。梅安も左内もほとんどの回

で必ず食事をとっている。これは、彼ら「殺し屋」たちを「お茶の間」の視聴者に、同じ視線の中で見てもらうためのものである。彼らもまた、自分たちと同じ日常を生きている人間なのだと。こうして「闇」の世界の住人を、より「お茶の間」に近づけていった。

社会的信用の高い俳優を起用するキャスティングは、仕掛人たちの「殺し」を違和感なく視聴者に受け入れてもらおうという狙いだ。梅安に緒形拳、元締の半右衛門に山村聰《そう》、いずれも当時は善良な家庭人を演じるイメージの強かった役者たちだ。さらに、左内役には「ミスターホームドラマ」と呼んでも過言ではない竹脇無我にまでオファーしている（結局は断られ、林与一に落ち着く）。視聴者と同じ平凡な日常を送る善良な表の顔を持つ人間が、裏で人を殺す。これが『必殺仕掛人』のドラマツルギーなのである。

そして、微妙なタイトロープにつながれた「お茶の間」と「闇」という背反する二つの世界を、一つのドラマの中で同居させるという困難を成しとげる上で突破口となったのが、脚本家・早坂暁《あきら》の書いたオープニングナレーションである。そして、これが、このあと二〇年続く「必殺」シリーズの基本テーゼとなる。

「晴らせぬ恨みを晴らし、許せぬ人でなしを消す。いずれも人知れず、仕掛けて仕損じなし。人呼んで仕掛人。ただしこの稼業、江戸職業尽くしには載っていない」

まず示されているのが、「殺し」の標的となるのが「許せぬ人でなし」である、ということだ。つまり、法律的な「悪」ではない、いつの世にも変わることなく存在する「人間悪」なのである。このことは、仕掛けの依頼を受けるたびに、半右衛門の口から反芻されるシリーズの根幹でもある。仕掛人たちの殺しが、単なる人殺しとしてのものではないことを視聴者に知らせるための設定であり、第一話の冒頭から早速、半右衛門によって以下のように念押しされていることからも、欠かせない理念であることがよく分かる。

「この世の中に生きていても仕方のねえ、生かしておいても世のため人のためにならねえ奴でねえと殺しませんよ」

その第一話で仕掛けの標的となるのは、作事奉行（室田日出男）である。彼は、商人から賄賂を受け取っていて、他の商人を閉め出している。だからといって、「殺されるべき悪」なのかというと、それだけでは説得力に欠ける。この男の「悪」は他にある。新しい屋敷を建てるために、まだ人が暮らしている長屋を叩き壊し、自分の腕を試したいがために無実の人間を惨殺する。つまり、普通に暮らしている人間の生活を平気で踏み潰し、誰からもとがめられることなく、のうのうと生きているからこそ、「悪」なのである。ギリギリまで視聴者の怒りを高めていくことで、仕掛人たちの殺しを自然に受け入れてもらう、という仕掛けだ。

迫力ある時代劇のために

『必殺仕掛人』の製作をめぐっては東映と松竹の間で企画コンペが行われた。そして山内は松竹を選ぶ。いや、予め松竹に決められていたといったほうがいいだろう。東映サイドは梅安役に天知茂を配したのをはじめ、隅々まで行き届いたキャスティングをし、脚本には結束信二を用意してきていた。

「ボクは結束信二のドラマやるために『必殺』やるわけじゃないんですよ。東映時代劇のシステムの中にボクの新しい時代劇を組み込まれるのは困るんです」（山内）

東映にイニシアティブを握られてしまっては、旧来の時代劇の枠を出て自分の理想を実現することはできないと判断した山内は、松竹サイドと口裏を合わせ、半ば出来レースの形で松竹へ話を持っていった。

また、迫力ある新しい時代劇を作るために、アクションに定評のある監督たちが選ばれた。『座頭市物語』『子連れ狼』の三隅研次、さらに彼を差し置いて第一話の監督に起用されたのが深作欣二だった。

当時の深作は『仁義なき戦い』を撮る直前であり、前年には『現代やくざ・人斬り与太』を監督。次代を担うアクション監督として注目を集めつつあった。が、本来なら、まだ一般的には実績のなかった深作よりも、数多くの大ヒット時代劇を監督した三隅研次が第一話を担当するのが順当なところであろう。が、三隅を三、四話に回して深作を抜擢したのも山内の計算であった。

「とにかく深作さんのダイナミズムですよ。いちばん元気な映像を撮っていた時代ですからね。それに深作さんはこの当時、ほとんど時代劇を撮っていなかった。こちらとしては時代劇的な時代劇は作りたくなかったのも事実です。深作さんを一話に持っていって、意図的に既成の時代劇を壊していこうとしたんです」(山内)

後の『必殺』の成功の礎はこのときの順番の妙にあったと、カメラマンとして参加した石原興も指摘している。

「深作さんはゼロからものを作る人で、三隅さんはその線に磨きをかけるんですわ」

山内の期待に、深作は見事に応える。後に深作演出の代名詞となる手持ちカメラを使ってのアクション演出は、『人斬り与太』で開花し、この『必殺仕掛人』で実践段階に入る。

第一話のクライマックス。仕掛人たちの扇動で暴動を起こす人足や長屋の住人たち。奉行は追い詰められる。画面は手持ちカメラで逃げ惑う奉行の主観ショットを映し出す。広いところに出ると視界が開ける。そして、砂埃が舞い、中から笹笛の音とともに左内が現れる。ここでも手持ちカメラが二人の決闘を追う。グラグラと揺れる画面が、生死を賭けた決闘の雰囲気をいやが上にも盛り上げる。そして、奉行が斬り伏せられる。血飛沫をあげて、のた打ち回る奉行。

とにかく圧倒的な迫力だった。そして、深作のエネルギッシュな現場に乗せられて、京都映画の〈若いベテラン〉たちは、その才能を開花させることになる。

躍動する若者たち

「必殺」シリーズの画面、それは極端な陰影の照明、画面の半分を小道具やセットで覆うナメ・ショットの多用、顔の一部しか映さない大胆なアップの積み重ね……そういった人工的でグラフィカルな構図に象徴される。画面の半分以上を「ナメ」の小道具で覆ってしまったり、アップで映っている人物の顔の半分以上を影にしてしまったり、アップがより過ぎて目の周囲しか映らなかったり……。

それは、隅々まで明るい東映流と自然の情感を作り出す大映流が二大潮流であった当時の時代劇にあって、いわば邪道ともいえる画面であった。

こうした画面を作り上げていったのが、撮影の石原興と照明の中島利男だった。彼らの画面作りのきっかけはやむにやまれぬ事情だった。

『必殺仕掛人』の撮影にあたって、京都映画はそれまでの下加茂撮影所から、貸しスタジオになっていた太秦の旧・松竹撮影所で撮影を行うようになっていた（一九七五年に正式移転、そのまま現在に至る。下加茂は閉鎖）。

この撮影所は大映、東映に比べて圧倒的に狭い。また周囲を住宅に囲まれている。そのため、ロングショットを撮るのが困難であった。それはスタジオも同様。それほど大きいセットを組むだけのスタジオがなかったのである。その狭さをごまかすために、照明の陰影を強くし、アップを多めにし、ナメ・ショットによって奥行きを出そうとしたのである。

「東映は撮影所が大きいんで全部見せることができます。でもここは大きくないんで違うように撮らんといかんわけです。それなら部分だけ撮ろう、と。望遠でそこに光

当てたらバレるから、当てるな、と」（石原）

また、数多いテレビ映画撮影の経験を通して得た〈テレビでの画面作り〉に対する彼らなりの考えもあったようだ。それは、テレビ＝ブラウン管の枠を意識した画面作りである。

「テレビは強要なんです。いまあなたはここを見て下さい、と。そうなると必然的にアップになりますよね。画面が簡素だから次に期待がある。それが『必殺』なんですよね。フルショットで撮ればすんでしまうことでも、目があり、足があり、手がありとアップを重ねていく。するとこれがどういう人物なんだろうというときにポッとフルショットが入る。これが『必殺』なんです」（石原）

しかし、それだけではない。彼らをこうした常識を打ち破る画面作りへと向かわせたのは、山内同様、〈新しい時代劇〉へのあくなきチャレンジ精神であった。

「ルールなんてないんですよ。こっちはこっちで松竹の時代劇のスタイルを作らないと。それが『必殺』だったんですよ」（石原）

裏番組の『木枯し紋次郎』に携わる映像京都の手練たちに対する彼らの唯一の武器は、若さだった。そして、光源を意識した照明に代表される、大映流の自然な情感あふれる画面作り（第二章参照）を真っ向から否定していく。徹底的に遊んでウソをつこうじゃないか、と。

「当時ね、照明の中島と二人とも三〇そこそこですよ。五〇すぎのオッサンに対抗できる腕もないし。ただ我々は時代劇をやってるんだ、夜に見えたらそれでエエやないか、と。ロウソクの光があってそこから影が伸びて、って、お前、ロウソクの光が映るんかい、それもウソやないかい。行燈があってそれが顔に当たって照明になるって教えなんですよ。ほな、行燈より顔のほうが明るいのはウソやないか、と。ウソやったら徹底的にウソをつこうやないか、と。それが我々の始まりなんですよ」（石原）

そんな彼らの冒険心を、監督たちが受け止める。

石原は三、四話を担当した時代劇の大ベテラン三隅研次に挑戦状を突きつけていた。

「大映にボクが手伝いに行ってたときなんてペエペエでしょ？　監督に直接話なんてできなかった。その三隅さんと五分五分で仕事するわけですから。三隅さんに言ったことがあるんです。ボクはアップのときに額より上はよう撮りません、て。当時、時代劇というとチョンマゲまで全部入れるのがセオリーだったんです」

こうしたセオリーを無視した石原の提案を三隅は、「頭の上は芝居せんから好きにやってエエのやで」とあっさり通す。それだけに石原のプレッシャーは相当なものだったようだ。

「一発目（の撮影）覚えてますよ。カットまでの緊張、生まれて初めてでしたよ」

中島利男もまた、深作に陰影のコントラストの強い照明を提案した。その狙いを、中島の助手を長年務めてきた林利夫は次のように語る。

「「画面に映って〈綺麗〉というのはどんなんなんやろう」「何が美しいの？」ということは、中島さんと二人で、よう話していました。日本映画の照明の流れからいくと〈主役は綺麗に〉という部分がありましたよね。でも、顔全体が綺麗にフワーッとして映るばかりが美しいとは限らないんです。顔の半分しか映っていなくても、その役や場面に合っていると、僕らにすると美しいんです。

たとえば、いざどこかに忍び込んで悪い奴を殺そうとしているときにね、顔全体が映っていたら迫力に欠ける。それが美しいのか。もしくは、暗闇の中に目だけしか分からない方が美しいのか、それすら見えずに影だけの方が美しいのか。その場面場面によって、どんな画面にしたら美しいのかということを追求したいんですよ。極論すると、暗闇の中で顔が全く見えないで最後に顔が映ったら、その緊張感とかで美しくなるということがあるんじゃないか、と。そういう話し合いをしながら照明を当てていっていました。

それに、俳優さんも顔立ちが違いますからね。それによって当て方も違うんです。

その上、顔を半分に割ると右と左も全く違います。そういうことも、もちろん意識しています」

　そして深作は、「ええ。やれやれ！」とむしろ進んでセオリー破りを受け入れていった。

　同僚たちが次々とセオリーを破っていく現場を見て、編集の園井弘一もまた、意欲をたぎらせた。

　そして、先に挙げた第一話での悪党が血飛沫をあげて倒れるシーンでは、あえてスローモーションを使うことで、これでもかといった残酷シーンに仕上げてしまっている。

「石原、中島の撮った上がりを見て「やってる、やってる」という感じでしたよ。それで「まあ、いいか」という感じで走ってしまいましたけどね」

　そして、自らの体得した技術を余すことなくつぎ込んで、時代劇のタブーに挑戦していく。たとえば、シーン変わり（前のシーンから次のシーンへと移るところ）。通常は前のシーンがフルショットで終わった場合は次のシーンはロングショットで始まらないと、見ている側にシーンが変わったことが伝わらない。そこを園井は、フルショットの次にフルショットを重ねた。視聴者に違和感をあえて持ち込んだのである。さらに、あるシーンに別のシーンが挿入される〈フラッシュ〉では、通常は五コマずつの入れ替わり立ち替わりにするのを、二コマずつにして画面を点滅状態にした。他にも、先ほどのスローモーションや、動画ではなくスティール写真を重ねていくストロボアクションなど、それまでの時代劇ではほとんど見られなかった技術を駆使してフィルムをつないでいった。

「『必殺』はね、何でもやれたんですわ。編集という職業の中でやれることはどんなことでもやれたと思います。何でもOKの雰囲気でしたよ」

東映ではなく松竹を製作会社として選んだ山内久司の目論見通り、京都映画のスタッフたちは自ら進んで既成の時代劇の枠を壊す画面作りをしていったのだった。

亜流から〈邪道〉が生まれ、本流の〈王道〉へと勝負を挑んでいった。

視聴率戦争

こうして刺激的な番組作りを展開した『必殺仕掛人』は、しばらくして復活した『木枯し紋次郎』と真っ向勝負することになる。当初は五分の戦いだったが、やがて『必殺』が『紋次郎』を視聴率で引き離していった。視聴者は、より新しく刺激的な時代劇を選んだのである。山内の戦略は的中した。そして『紋次郎』は三八話をもって放送を終了する。

「視聴率が二〇％を切ったら『紋次郎』はやめさせてもらうつもりでした」

と映像京都の西岡善信は語る。それは、世界の第一線で戦ってきた映画人たちの、時代劇製作に対する強烈なプライドの表れであった。

そして、『必殺』が『必殺』たりえたのは、この超一流の技術者の巨大な壁に若者たちが真っ向からぶつかっていったからにほかならない。

「忘れてはならないのは『木枯し紋次郎』です。あれがあったから『必殺』が対抗していったんです。『紋次郎』に追いつけ追い越せで『必殺』というのができていったんですね」（石原）

それは、時代劇の本流と亜流との戦いであった。『紋次郎』に主演し、後に『必殺』にも出演することになる中村敦夫は、二〇〇三年七月に横浜・放送ライブラリーで行われた『必殺』のシンポジウムで次のように語っている。

「『紋次郎』は数々の世界的グランプリの賞を獲った最後の職人たちがですね、映画はもう撮れないという中で映画の黄金時代みたいなまったく妥協のないやり方で撮ったわけですね。『必殺』の場合は、その最後の職人たちの次の世代からものすごい才能が開花した。カメラマンの石原さんに照明の中島さん。こういう人たちが映画の映像とテレビの映像は違うということを察知して新しい映像を作っていきました。つまり、職人同士が火花を散らしたということなのです」

そして、亜流が本流に勝利したことで、新しい時代劇が幕を開けることになる。

中村主水の登場

山内は『仕掛人』で確立した「日常性」と「殺し」の二元論を武器に、時代劇をその雰囲気を保ちつつどこまで現代劇に近づけるかという試みを展開してみせる。

それが『必殺仕置人』だった。ここに山内は一人の「現代人」を用意する。それが中村主水《もんど》（藤田まこと）だ。

中年の下級同心。職場では、うだつが上がらず存在感なく「昼行燈」と蔑まれ、家では「種無し婿養子」として悪妻と姑にイビられる日々。コソコソと浮気をし、小銭に汚く、賄賂をせびる。へそくりを貯めることだけが楽しみな、世俗にまみれきったどこにでもいる凡人である。その姿はサラリーマンの日常の苦渋・哀愁そのもの。時代劇史上まれに見る「普通の」現代人の格好悪さを備えた男だ。

「主水は完全にサラリーマンですよ」（山内）

そんなサラリーマンが、一度依頼を受けたら殺し屋としての凄味を見せるのである。

中村主水は『必殺仕掛人』以上の人気をもって迎え入れられ、そしてこの後二〇年にわたってテレビ時代劇の顔として活躍することになる。

等身大の人間が、等身大の葛藤を抱える。そこに視聴者は共感し、ともに笑い、ともに泣く。そして豪快な仕置きに自身を投影させて憂さを晴らし、主水とともに日常へと帰っていく。

「テレビは常に日常に帰る。このことが中村主水を支えているんです」（山内）

山内は、気鋭の映画スタッフたちに〈テレビの何たるか〉を叩き込んでいった。それが最も端的に表れているのが、ストーリーの途中に挿入され、ラストにも登場する〈主水の家〉のシーンだ。ここで主水は必ずといっていいほど、姑のせん（菅井きん）と嫁のりつ（白木真理）にイビられる。それまでどんなにシリアスなドラマが展開していても、必ずこのコミカルなホームドラマのシーンが入ってくる。そして、それこそが山内が「必殺」シリーズに込めたメッセージだった。『必殺』とはあくまでもホームドラマが変形したものである、と。

「〝主水の家〟のシーンはプロットには入れなかったですよ。ストーリーに関係あるということはなかったです。主水が家に帰ってから毎回終わるというのが鉄則でしたね。プロットに入れてしまうと芝居になる。すると、せんとりつが主水を平気な顔して迎えられないんですよ。何も知らないからサラリーマンのドラマになるんです。亭主がどれだけ仕事で苦しんでいても、嫁ハンは「おかず何にする?」って聞いてくる。これが家庭でしょ? その線を出そうとしたんです。メインの殺しのストーリーと別空間にしないとあの面白さはないんですよ」(山内)

が、『必殺仕置人』を手がけるのは三隅研次、工藤栄一、蔵原惟繕《くらはらこれよし》ら手練の映画監督たちである。メインの物語と関係のないコミカルなホームドラマを撮るのを潔しとはしない。

だからといって、山内も譲らなかった。

「映画人の上手い映像にテレビの日常性を突っ込むのが「必殺」シリーズにおける僕の思想ですから」

そこで山内は編集の園井弘一に、監督が何と言おうが主水の家のシーンを残すように要求する。

「主水の家のシーンだけは外さんといて、という断固とした指示がありましたね。テレビだからこれだけは必要なんや、と。僕らはどちらかというと外国映画風にソッと終わらせたいんですけれども、これは絶対いるんやから、最後は絶対に主水の家で終わってほしいという要望でした。たまには、なくてもいいんじゃないかと思いました

けどね」（園井）

　ここでも山内の狙いは的中。殺しのドラマとしての刺激と、それをお茶の間とのタイトロープとしてつなぐホームドラマとしての楽しさという二つの魅力を併せ持った『必殺仕置人』そして中村主水は、『仕掛人』以上に数多くの視聴者の支持を獲得した。『必殺』はシリーズとして人気時代劇の歴史を刻んでいくことになるのである。

ドラマの充実

　その後、『必殺』は『助け人走る』『暗闇仕留人』『必殺必中仕事屋稼業』『必殺仕置屋稼業』『必殺仕業人』『必殺からくり人』『新必殺仕置人』……とシリーズを重ねていく。それに合わせて、ドラマも充実を見せていく。

「殺し」とは別の新たな魅力を加えることで突破口を開いたのが工藤栄一監督だ。工藤は第四弾『暗闇仕留人』でメイン監督として登板すると、冒頭から主題歌「旅愁」をベタでフルコーラス流し続けるなど、その哀切な歌謡曲調のメロディを多用した。特に殺しのシーンにラブソングを使用することで、重層的な情感を表現してみせた。その結果、ともすればドライな方向一辺倒になってしまう『必殺』に感情表現の幅をもたらしたのである。

それにより、殺しに至るまでの主人公たちの心理表現を丁寧に追うことができるようになり、殺す側のドラマが強化された。一個の血の通った人間としての感情を、メロディラインの抽象性の中で描き、殺しを主人公の感情のドラマの盛り上がる頂点にあるものとして位置づけることができるようになったのである。この工藤が見出した音楽演出の効果の結果、『必殺』は以降の作品で人間ドラマとしてのウエイトを大きくしていく。

他にも工藤は『必殺必中仕事屋稼業』では主人公たちの殺し屋としての成長を描き、『必殺仕業人』では、寒い冬、ボタ雪の舞う路地裏、どこまでも乾いた空気、空しくうどんをすする中村主水、舞い上がる白い息……という寒々しい映像に、荒木一郎の力ない歌声が挿入され、主水のうら寂れた心象が画面に映し出されていた。

そんな工藤を慕う「必殺」スタッフは数多い。助監督として参加していた高坂光幸も、その一人だ。

「常識というか、台本を読んで、「ああしてこうして」という〈ホン通り〉というのをまず捨ててかかる人でした。とんでもないことを考えるんですが、それがシーンの意図にちゃんとあてはまるんですよ。セットでも、みんなが「いいセットが出来たな」と思っても、壊してしまうんです。既成概念を取っ払うところから現場作業が始める人でした。

「必殺」シリーズのときは「台本が面白くないから高坂、直してこい」と撮影前日に言われたこともありました。当時は放送の二日前とかにテレビ局に納品するギリギリの状況でしたから、慌てて翌朝までに直しました。それを監督に見せたら、そのまま採用してくれたんです。「ダメ」ということはありませんでしたね。責任を持たせてくれるんです。普通は監督の考えている通りにやっていくのが助監督の仕事で、イエスマンになるしかないんですが、工藤監督はそうじゃなくて、「お前は何を考えているのか」を試してくるんです。あまり細かいことは言わないで、どうでもいいことは「どうでもいい」と簡単に割り切ってしまう。仕事していて一番楽しい監督でした」

一方、ベテラン三隅研次監督は映画時代と変わらない妥協のない演出で現場を引っ張っていく。

石原によると、三隅監督の現場はとにかく徹夜の連続だったという。あるときは石に飛び移るだけのシーン、あるいは池のロングショットに雪が降るだけのシーンを撮るために夜中まで大覚寺でロケをしたこともあったという。

シリーズ初期から参加している録音技師の中路豊隆は三隅の現場を次のように語る。

「三隅さんは女優に厳しかったね。一カット撮るのに徹夜したことあるもん。なかなか女優が仕草とか立ち振る舞いとかできなかったら「もう一回」「もう一回」と。四時間もやっても女優さん、分からんのです。そしたら「おばはん、退きなはれ」と言って監督が自分でその女優さんの芝居を実演するんです。それで「ああ、なるほどなあ」と。

当時は製作主任がメモ用紙で翌日の予定を伝えていたんですが、三隅組のときはシーンナンバーの脇に色鉛筆で「山から朝日がのぞく」とか「鶏が鳴いている」とか、そんな絵が描かれていたんです。それで「監督、これなんや？」と聞いたら「このシーンは朝までやりまんねん」って。「山から陽が出るまでやりまんねん」「鶏が鳴くまでやりまんねん」ですよ」

また、この時期、数多くの名エピソードを残した脚本家・安倍徹郎もまた、『必殺』に強い思いを込めていった。当時、アシスタントプロデューサーとして安倍に付いていた松竹の佐生《さしょう》哲雄は次のように振り返る。

「安倍さんは初めは自分のやりたいこと、訴えたいことを映画でやろうとしていました。でも、段々と映画が上手くいかなくなって。映画ではできないだろう、と。それでテレビの中に自分の思いとか心情を出すようにしたんです。これが面白いという観点じゃなくて、これが書きたい、と。それで、ずいぶん悩んでいましたよ。果たして第三者が見て面白いのか、と。ボクはそのとき、読ませていただいて面白いんですよ。訴えるものがビシビシあって。そうした安倍さんの思いを蔵原さん（惟繕＝監督）が真摯に受け止めて、丁寧に演出されましたね。そういう現場だったので、ボクも真剣に取り組みました」

そして、石原興ら若手スタッフたちは、そうした毎週のように続く名監督、名脚本家たちとの仕事から、自分なりの画面作りを深めていった。

「ボクはキャメラマンであるんだけど、キャメラマンは助監督で演出を助ける立場でもある、と。そういう考え方を持っていたので、次のカットをどうするか、監督さんたちに付いてる間にどんどん吸収していったんですね。深作さんのやり方、三隅さんのやり方、工藤さんのやり方、蔵原さんのやり方……これは全部ノウハウを知ってるんですよ。そういうのが全部出ていったのが、あのころの『必殺』なんです」（石原）

早坂暁の作家性

充実したドラマということで忘れてはならないのが、『必殺からくり人』だ。ここでは、早坂暁をメインライターに起用、作家性の強いシリーズになっている。通常、民放のテレビ時代劇の場合、タイトなスケジュールや娯楽性を考え、一人の脚本家がシリーズ全体を担当することは希だ。ましてや、遅筆と強い作家性で知られる早坂である。当時の山内が、ドラマ性を高めていくことでシリーズに変化をもたらし、可能性を追求する姿勢が、いかに強かったかがよく分かる。

編集の園井弘一は、以下のように語る。

「セリフがとっても新鮮やったことは覚えてますね。脚本の上がりが遅いなら遅いなりのことはあるなと。シリーズとして雰囲気が変わったというのがありました。あれは一本、そのシリーズ全部をその世界として書かれてますから。ドラマの脚本を書いてるという感じがありましたね」

それでは、早坂暁が『からくり人』に込めたドラマとは、どのようなものだったのだろうか。

「僕が描くのは、いつでも〈無辜《むこ》の民〉なんです。左翼だったら、イデオロギーとかで不満を訴えることができるから、まだいいんです。〈無辜の民〉にはそれを伝える術《すべ》がない。そうした人たちの思いを取り上げていくことだけを考えてきました」

「政治も何もないいんです。どんな事件があっても取り上げましたが、やられる側の表現として乗っけていっただけです」

早坂の言う〈無辜の民〉とは、社会の底辺や外側で生を営まざるをえなくなってしまった、時代の流れの中で消えてゆくしかない人々のことである。早坂はいつも、そうした人々の思いをすくいあげていくことでドラマを深めていった。それが彼の代表作『夢千代日記』の寂れた温泉街の芸者たちであり、この『からくり人』たちである。

そこにあるメンタリティは、居場所なき人々の彷徨と漂泊。それは、『からくり人』の中でも遺憾なく発揮されている。登場するのは、いわれなき罪で島流しにあい、嵐に紛れて島抜けした人々。そのため、社会に入り込むことができず、からくり人として社会の外側に潜むしかない。芸者置屋を営む仇吉（山田五十鈴）、安眠枕を製造、販売する時次郎（緒形拳）、花火師の天平（森田健作）……彼らは皆、江戸の草深い河原のスラムに暮らす。それまでの「必殺」シリーズの基本構造が、都市に生業を持つ定住者の裏稼業であることとの対極である。

そうした早坂だから、通常は「悪」として痛快に斬り捨てられる者にも優しい視線が向けられる。依頼者も、殺す人間も、殺される人間も、すべてが漂泊者なのである。弱者だけで展開される物語と、彼らを見つめる作者の優しく無力な視線。そこには救いがまるでない。居場所なく、哀しい宿命を背負って彷徨う姿だけが映し出される。

「私たちは涙としか手を組まない」

仇吉はこう宣言している。

哀しみだけが、『からくり人』を突き動かすのである。「金をもらって人を殺す」「日常に根差す」という『必殺』の根幹であるプロフェッショナリズムとホームドラマという二面性はなくなり、本シリーズ以降、人間の内面を見つめる、漂泊者のドラマが深まっていく。

続く『必殺からくり人・血風編』では、当時ロマンポルノで気鋭の存在であった神《くま》代《しろ》辰巳、大和屋竺《やまとやあつし》らを脚本に迎えて、勤皇・佐幕の時代の流れに取り残された幕末のマイノリティたちのヤケクソなアナキズムを展開。早坂がメインで再登板した『新からくり人』では、江戸を追われた河原者たちの行くあてのない旅が描かれた。

『必殺』の初期から助監督として参加し、この時期に監督としてデビューして意欲的な演出を見せてきた高坂光幸は、当時をこう振り返る。

「早坂暁さんの脚本は素晴らしかったですね。今までの時代劇とは全然違っていて、本のほうが面白いんです。映像にするとホンより劣ってしまう。「どうしたらいいんだろう」というクエスチョンの凄く多い脚本で、普通のは書いていることをなぞればいいんだけど、そうじゃなくて。「さあ、これを現場でどうするんだ?」という宿題を出されているようでした。あの頃の『必殺』は脚本家も監督も勝負でしたよ」

存在意義の喪失

しかし、その一方で当時の山内は追い詰められていた。それは、『必殺』が「『紋次郎』を打倒し、新しい時代劇を築き上げる」という当初の目的を果たしたにもかかわらず、シリーズを重ねていってしまったからにほかならない。

「あのころは、実を言うと『必殺』を迷っていた時分なんですよ。極端なことというと『必殺』はあんなに続くようなもんじゃなかったんですよ。それが主水のおかげで続いてしまいましたからね、迷い出すんですよ、ボクも」(山内)

『必殺』はあくまでもTBSホームドラマや『紋次郎』に対するカウンターとして登場したのだ。が、それが人気を博しロングシリーズになると、そこから先が難しくなる。『必殺』は絶えず新しくなければならないし、変化し続けなければならない……山内は『必殺』の向かうべき方向が分からなくなってしまったのである。

山内の所属する朝日放送は、『必殺必中仕事屋稼業』の後半からネット局改正によりキー局がTBSからテレビ朝日(旧・NET)へと移っていた。つまり、放送する曜日や時間はもちろん、関西以外ではチャンネルすらも変わってしまったのである。

TBSとしては、人気番組『必殺』がテレビ朝日に移ったことで空いた番組枠を、類似番組で埋めることで『必殺』の視聴者をつなぎとめる必要があった。

　そこで東映に作らせた番組が『影同心』（75・TBS）である。中村主水よろしく三人の昼行燈の同心が主演、監督にも工藤栄一、深作欣二を起用する念の入れようで、『必殺』が同じ枠で続いているように錯覚させようというTBSの狙いは明らかだった。

　さらに、『長崎犯科帳』では萬屋錦之介、『十手無用　九丁堀事件帖』では高橋英樹、片岡千恵蔵といった時代劇スターが、さらには『狼・無頼控』では『紋次郎』を製作した映像京都までもが、明らかに『必殺』の影響下にあるのが見て取れる〈裏稼業〉ものに手を出すようになっていた。むしろ〈裏稼業〉ものは当時の流行であり、時代劇のメインストリームになっていたといって過言ではなかった。

「『影同心』には呆れましたね。気概はないのか。製作者なら別のをやろうと思えよって。金をもらって悪を倒すことへの刺激が世間でなくなってしまったんですよ。『必殺』が風化したんですな。金もらって人を殺すということが市民権を得てしまったんです」（山内）

　しかも東京のキー局＝TBSへの反抗を生きがいとしてきた山内の前衛性は、テレビ朝日に好意的に迎え入れられたため、色あせていく。『必殺』の目指した〈殺し〉

による新しい〈カウンター〉時代劇としての毒や刺激は失われてしまった。しかもそのドラマはもはや『必殺』の専売特許ではない。

そして、前衛性と刺激という大きな柱を失った悩める山内の前に、毒のあるホームドラマ、という残された最後の柱を脅かす裏番組が現れる。

それがTBSの「金曜ドラマ」だった。テレビドラマの象徴的存在として君臨し、時代と切り結ぶ時間枠が誕生したのである。その統括プロデューサーであった大山勝《かつ》美《み》はホームドラマを社会的広がりの中の家族劇として描くという製作方針を立て、ぬるま湯の中の予定調和からの脱却を図っていった。

それはかつて山内が『必殺』に込めた思想を、よりストレートなメッセージとして提示したものだった。仮想敵だったTBSホームドラマそのものが、大きく変革したのである。

そして、その中から強力な裏番組が登場した。それが『岸辺のアルバム』(77・TBS)であった。妻の浮気、夫の不正、娘の妊娠といった〈平和なマイホーム〉に訪れる危機を、家が多摩川の洪水で流されていくのに重ね合わせて描いていった家庭崩壊劇である。それは、いままでのTBSが描いてきた下町ホームドラマにはとうてい描かれることのなかった、ジャーナリスティックな毒をはらんだ、新しいホームドラマだった。

それまでのホームドラマは平和・予定調和が基本であった。それは現代と程遠い理想の世界である。山内は、それに対しての大阪からのアンチテーゼとして脱ドラマという「変形のホームドラマ」によって現代に切り込んでいった。そして『木枯し紋次郎』の登場により山内は、その方法論を時代劇に持ち込んで『必殺』を始める。が、『岸辺』の登場により、わざわざ変形させなくとも「ホームそのものの迫力」を現代劇が描けるようになったのである。そうなると『必殺』には存在意義がなくなってしまう。

「とにかく『岸辺のアルバム』がですね、妻の浮気、娘の妊娠のほうが悪をこらしめるよりドキドキするんですわ。ああいうふうにホームそのものをきわめてストレートに、薄い基盤であるということを表現して迫力がある、と。それで『必殺』は迷うんですよ。それでオカルトまでいってしまうんです。ああいうキツいホームドラマが出てきてしまいますとね、『必殺』が色あせてしまう形になるんですよ」(山内)

極北の『うらごろし』

その迷走期の象徴ともいえるのが、『翔べ！必殺うらごろし』だ。この作品のモチーフはオカルト。

　主人公は太陽を信仰する旅の行者、通称・先生（中村敦夫）。彼が旅の先々で超常現象に出会い、そこに隠された声なき人々のメッセージを聞き届けて、「殺し」に臨む。主人公は超能力者であり、修験者である。そのため誰にも理解されることのない孤高にある。名前がなく、プロフィールがなく、欲がなく、金がなく。『からくり人』シリーズ以上に日常を持たない男、完全な漂泊者だ。さらに、修行中の身であるため超能力が未熟で、隠れた声の全体像を知るころは、もう時すでに遅い。だから、苦悩する。

　そんな先生の周りに集まるのは、その体の大きさのためいわれなき差別を受ける通称・若（和田アキ子）、息子を探す記憶喪失の通称・おばさん（市原悦子）らであり、彼らも先生同様に居場所のない漂泊者である。

　それだけに、救いというものが、まるでない。『木枯し紋次郎』には感傷的な優しさが、『仕掛人』にはハードボイルドなダンディズムが、『仕置人』には庶民的ダイナミズムのバイタリティがあった。しかし、『うらごろし』には何もない。ひたすらに哀しみを背負い、人に知られることなく荒野を漂う。

『必殺』は、「殺し」という非日常を生きる主人公を最終的には日常へと帰着させるという二元論で、日常空間の視聴者との架け橋にしてきた。ラストで必ず殺し屋たちは日常へと帰っていった。が、『うらごろし』のラストは岩だらけの荒野をさすらう一行が映し出される。そして、そこに重なるナレーションが、さらに視聴者の感情移入を拒否する。

「この一行は、これからもこのような未知の世界への旅を続けるであろう。たとえ、あなたが信じようと、信じまいと」

そして、殺陣のあり方も、それまでの「必殺」シリーズから大きく逸脱する。『必殺』の「殺し」の魅力は、感情を抑制したプロフェッショナルな肉体破壊と、陰影のはっきりした閉鎖空間での戯画性にある。また、それが「殺し」という行為の残酷さをカタルシスへと変換させた。が、『うらごろし』の殺しは、怒りを前面に押し出し、早朝の太陽の下、岩肌の明るい開放空間で行われる。

先生は旗竿で相手の心臓を貫き、若は相手の首が回るまで殴りまくり、おばさんは通り魔のように小刀で刺す。それは原始的なバイオレンスである。生々しい残酷な印象が画面を覆う。

『必殺』がその存在意義を見失い、ドラマ性を追い求めていった結果が『うらごろし』の〈絶望と残酷〉だった。視聴者が『必殺』を見捨てようとしたのも当然のことといえるかもしれない。視聴率は二％にまで落ち込み、『必殺』は打ち切りの危機を迎える。

華麗なる転身『必殺仕事人』

しかし、山内はまたもや、したたかな方向転換で生き残ってみせた。

「こうなったら時代劇の伝統的な手法に帰るしかないんですよ。とにかくみんな『必殺』やめさせてくれへんのですから」

一九七九年五月にスタートした『必殺仕事人』は、八王子で自堕落に暮らしていた中村主水が江戸に呼び戻されるところから始まる。それは、漂泊から定住へという『必殺』の原点回帰の高らかな宣言であった。山内のテレビプロデューサーとしての独特のバランス感覚が行き過ぎの危険性を察知させ、力業で針を一気に元に戻す。元締を介しての殺し、陰影の強い戯画的な画面構図、中村主水のホームドラマ。人間の内面を見つめ、ドラマ性を追い求める中で切り捨てていった『必殺』が復活する。

原点回帰ということは「『必殺』的」であろうとすること、つまり『必殺』という概念の記号化である。

　そのため、ドラマ的必然と関係なく、『必殺』の定番が盛り込まれることになる。また、「悪」は「権力・財力を背景に庶民を泣かす」という形で単純化され、「殺し」は「陰影の強い画面の中でのプロの仕事の華麗さ」という形で様式化される。そして、御馴染み、主水が嫁・姑にイビられるシーンで番組が終わる。

　ここでは、それぞれの要素が絡み合って一つの頂点に向かうのではなく、それぞれが別々の見せ場として存在しているのである。

「殺し」はドラマの頂点としての「殺し」ではなく、様式を楽しませる独立した見せ場＝ショーとしての「殺し」になる。また、「日常」も、凡人の切なさを描いて視聴者との橋渡しにするための「日常」から、風俗パロディを楽しませる「日常」へと変質する。

「安定を考えたら前衛性なんていらんわけでしょ？　ようは面白く見せればいいわけですから、脚本もきわめて分かりやすいものを書く方に担当してもらいました。ルーティンワークでやってましたよ。もうパロディですわ。受験戦争出したり、カラオケやったり。単なる風俗パロディにしていったんです」（山内）

　つまり、絶えず前衛性、変化を追い求めてきた『必殺』が、〈『必殺』的〉というところでの安定を求めるワンパターン時代劇へと変質したのである。園井弘一も、編集室に上がってくるフィルムを見てそうした変化に気付いていた。

「画面の雰囲気も変わりましたね、『仕事人』の途中から。それまでもパターンのようなものはありましたけど、よりパターン化したのと違いますかね。見せ場が変わってきたという感じがするんですよ」

そして、関係者の多くがそのターニングポイントとして挙げるのが、『新必殺仕事人』で中条きよし扮する「三味線屋・勇次」が登場したことである。勇次の殺しのテクニックは、三味線の糸を相手の首に巻きつけ、吊り殺すというもの。その糸は、どんなに遠く離れていてもスルスルッと伸びて相手の首に巻きつく。〈リアリズム〉をまったく無視した漫画チックな面白さにみちた殺しになっている。また、中条が殺しの際に白塗りの美男子として現れるということも押さえておきたい。ここでの〈殺し〉はどこまでも様式美を追求したものなのである。

「三味線の糸で殺すというのが起こってからはショーのような感じになった気がしますね。それまでは「仕掛けて仕損じなし」ですから人知れず、というのが基本でした。だから基本的にはそれまでは飛び道具なんてなかったように記憶しているわけですよ。梅安の鍼とか鉄の背骨外しとか主水の刀とか、ある程度の距離まで接近しないと仕掛けられないという制約がありまして。ところが三味線の糸とかが出てくると、そこまで近づかなくても仕掛けられる魔法の糸になっちゃったんで、ずいぶんとショーのような感じになってきたんですよ」（園井）

「中条さんも最初は道理に合った殺しをやってたんですよ。それがいつの間にかね、理屈に合わないようになってしまって。ファッション的になってるんですよね」（石原）

そこには、『必殺』を続けていくための山内なりの計算があった。

「とにかく番組が終わりそうになって、それで女性に軸足を移さんとアカンな、と。それで三田村邦彦やら中条きよしやら男前を出したら成功するんですわ。それで、そこから京本政樹、村上弘明と男前ばっかり出したんですよ。それまでは男前なんて出てませんから『必殺』が違う時代劇になったんですよ。そうしたらものすごく流行って、大衆化、一般化してマジョリティになっていった。おかげでワーッと盛り上がって延命するんですよ。それで舞台劇のレビューみたいにしてしまったんです」

「必殺」シリーズは『必殺』の部分を残しながらも、『～人』の部分を変えることで変化と可能性を求めてきた。それが『仕事人』以降はミニシリーズを挟みながら『新仕事人』『仕事人III』『仕事人IV』『仕事人V』と続き、定番化することになる。それは『必殺』ブランドが『仕事人』ブランドへ変わったことを示すものであり、『必殺』は〈ハードボイルド〉から〈バラエティショー〉へと華麗なる転身を遂げたのである。

「功成り、名を遂げたら俗にいくしかないんですよ」（山内）

そしてエリマキトカゲが江戸の町を走り、スケボーに乗った青年が敵を倒すようになる。

この山内の戦略は、見事に時代をとらえる。

フジテレビが一九八〇年に「楽しくなければテレビじゃない」のキャッチフレーズを打ち出して局イメージを一新し、『なるほど！ザ・ワールド』『笑ってる場合ですよ！』『オレたちひょうきん族』『翔んだカップル』といったバラエティ色の強い番組を次々と送り出して人気を博す。

「仕事人」シリーズもまた、こうした〈軽薄短小〉な時流に乗って大ヒット。開始から一〇年近くたってからの〈必殺ブーム〉を巻き起こし、「仕事人」たちは映画に舞台にバラエティにと引っ張り凧になる。

こうした路線変更に対して、スタッフたちは少なからず不満を抱いていたようだ。

「大人の番組から子供の番組になったと思ったね。ちょっと淋しいかなって。毛色が変わったというのは感じました。こんなんでエエんかな、と言いながらやってましたよ。糸電話とかエリマキトカゲとかあったもんね。スタッフかて、やりたいとは思ってなかったですよ。でも、生き残るためには、それも一つの道なんですよね」（中路）
「やっぱり、よくないという目で見ていましたね。安易というか。もっとショックを与えるような、それで人を感動させるようなのじゃないとね。長ければいいってもんじゃないだろうって。でもこっちが嫌だと思っても視聴率がいいからね。テレビ局がOKと言ったものにNOとは言えないですから」（高坂）
だが、バラエティ路線を徹底していったからこそ、若者偏重に向かう八〇年代のテレビ状況の中で退潮するテレビ時代劇にあっても、『必殺』は幅広くファンを獲得し続けた。そして『仕事人』以降の「後期必殺」が、それまでの「前期必殺」よりもはるかに長い歴史を刻んでいく。

亜流からスタンダードへ

『必殺』が〈『必殺』的〉という予定調和の中で安定したロングシリーズとなっていったのには、もう一つの背景があった。編集の園井弘一は、スタッフの意識の変化を指摘している。

「スタッフの慣れというのもありましたから、段取りよく撮っていくということになったんじゃないかという感じはします。それまでは、特に殺しのシーンなんかはそこだけで朝から晩までかかっていましたからね。それが、後半になると他のシーンも撮影予定に入るようになってきましたから。シチュエーションを考えれば、あとは形だけでしたよ。こちらとしても、フィルムが早く上がってくるようになって、仕事としては楽になりましたけど」

山内久司に言わせれば、ロングシリーズになりパターン化していくことで、スタッフたちが〈一座〉のようなものになっていた、ということだ。

「極端にいえば、石原、中島の映像に中村主水がいれば口立て（口述）の脚本でも撮れたと思うんですよ。あのころは一座でしたから」

そうなると、今度は新しい人間は入っていきにくい。そのころの京都映画の撮影所には東京の監督は行きたがらなかった。石原らスタッフの主張が強いため、監督がスポイルされてしまうのである。役者も長年の付き合いの石原らに相談するようになり、また、初めての監督が新しい解釈を入れようとするとスタッフ側が拒否を示すこともあったという。

そこには、石原なりの決意があった。

「監督と衝突することはずいぶんありましたよ。いつも工藤さんや三隅さんが撮っているわけじゃなくて東京からも監督さんが来るわけですよね。そうなるとある程度の線を守っていかないと、役者もやれなくなっちゃうんですよ。それで監督にこれは違うんじゃないですか、とボクが言うことがあるんですよ。すると監督はプライドが高いですから、京都はやりにくい、京都は怖い、と。そんなこと、いっぱいありましたよ。それでもね、我々は一からやってるわけですから、その世界を守っていかないと。テレビですから、毎週番組が違うと困るわけですよ。そうじゃないとレギュラー番組はいけないんじゃないか、と」

自分たちの作り上げた『必殺』を守る。つまり、壊すための画面作りから守るための画面作りへ、ということだ。試行錯誤を繰り返し、既存の時代劇の常識に挑戦した結果作り上げた、新しい時代劇としての『必殺』の画面もまた、シリーズの長期化と類似番組の林立によって〈『必殺』的〉という一つの定番になってしまったのである。

その〈定番〉はシリーズが大ヒットを続ける中で八〇年代以降の時代劇の核になっていった。つまり、亜流からスタートした『必殺』のスタッフたちは『紋次郎』＝映像京都という本流に挑戦し、それを乗り越えていく中で、若者たちはベテランになり、邪道はスタンダードとなった。

そして、彼らの活躍によって、時代劇史の中で置き去りにされた松竹京都撮影所は、現在の時代劇映画製作のほとんどを担う中心地になっていく。

鬼平、京都へ

一九八七年にフジテレビの編成部長に就任した重村一は、時代劇を編成上の重要な位置に据える。報道部門からドラマ部門に異動してすぐに『座頭市物語』のアシスタントプロデューサーとして、勝新太郎を中心とした京都の映画製作者たちの妥協なき仕事に触れた（第二章参照）重村は、「単にドラマをやりたいとかを超えて、こういうものは素晴らしいな、残していかなければいけないんだ、という意識が生まれた」という個人的な欲求を持っていた。

さらに、編成戦略としても、

「編成上のバランスからいえばね、トレンディ（ドラマ）や二時間ドラマが主流であっても、時代劇の枠は一つはなくてはならないという気がしていました。現代劇では表現できないものを時代劇に変換することによって成り立つという考えを持っていたから、時代劇は古臭く廃《すた》れるようなものではないと。トレンディはトレンドだから、若者の心情が変わると廃れてしまうんです。表現方法としての時代劇的手法という考え方を持っている人間が編成の中にいなきゃ、できなくなっちゃうんだな」

という考えの持ち主であり、時代劇復活のタイミングを図っていた。

当時、時代劇は日本テレビ、TBS、テレビ朝日が放映していたが、いずれも東映時代劇の流れを汲んだ、スーパーヒーローによる明朗な勧善懲悪、予定調和の時代劇であった。

フジテレビ時代劇復活第一弾としてインパクトを残すためには、その対極をいく人間ドラマでなければならないと原作を探していた重村のもとを、作家・池波正太郎から『鬼平犯科帳』の映像化権を託された池波の盟友、フリープロデューサーの市川久夫が訪問したのは、一九八八年の暮れのこと。それは、もう一度テレビで『鬼平犯科帳』を見たい、という池波の意を受けての訪問であった。重村は『時代劇スペシャル』（81〜）の中で、池波原作の『仕掛人梅安』シリーズをプロデュースしており、原作に忠実なその作りは、池波の高い評価を得ていた。

単なる捕り物の人情噺、ミステリーに留まらない、盗賊たちの滅びの美学に焦点を当てた『鬼平犯科帳』の映像化は、まさに重村の求めていたものであった。そこで、すでに決定していた八九年四月の編成から、主演女優をめぐって揉めていた水曜日八時の大映テレビの枠を空けて、時代劇の復活に備える（結局は中村吉右衛門のスケジュールの都合で放送は七月からになり、復活第一弾は『女ねずみ小僧』になった）。

しかし、数年間の空白の間に、フジテレビの編成部には時代劇のできるプロデューサーがいなくなっていた。そこで重村は調査部長の職にあった能村庸一に白羽の矢を立てる。一九六三年にアナウンサーとして入社して以来、数多くの舞台中継を務め、六八年に編成に転じてからは『時代劇スペシャル』の中で数多くの名作を残してきた、時代劇を知り尽くす能村をおいて、この重責を担える人間はいなかった。重村は重役たちを説得して能村の編成復帰に成功、能村は人事発令の六月まで調査部長兼プロデューサーとして『鬼平犯科帳』に参加することになる。

主演は、池波サイドは中村吉右衛門を希望した。テレビ界では実績のない吉右衛門に重村は躊躇するが、能村が強く推す。歌舞伎の世界に通じる能村は、円熟期を迎えつつある中村吉右衛門の芝居に絶対の自信を持っていた。

歌舞伎役者の中村吉右衛門が主演ということもあり、その母体である松竹が製作を担当、そして、前年に「必殺」シリーズに一応の区切りをつけていた京都映画撮影所で撮影が行われることになった。

が、京都映画には現代劇性を強く意識した『必殺』の作風に合わせて簡素なオープンセットしか作られていなかった。

それでは、復活フジテレビ時代劇のインパクトを残すことはできないと考えた重村は、能村の仲介で、『新・座頭市』のときにその仕事を目の当たりにしてきた、映像京都の社長で美術監督の西岡善信と接見する。重村は西岡に、松竹を介さない直接発注の形でオープンセットの建て直しを依頼、西岡はその潤沢な資金を有効に使って、ディテールにこだわった重厚なセットを作り上げる。

「匠っていうかね、美術であるとか小道具であるとか、そういうところがしっかりとした仕来《しきた》りを持っている人がやらないと、奥の深い時代劇は絶対できないわけね。単にストーリー性だけを追っかけるならいいんだけど、コクのある時代劇を作るには、そうした人たちが必要なんです」（重村）

こうして、かつて『木枯し紋次郎』『必殺』という裏番組同士で烈しく闘ってきた映像京都、京都映画のスタッフが『鬼平』で一つに会することになった。

情緒ある時代劇を

しかし、市川久夫をはじめ、池波サイドには一抹の不安があった。京都映画といえば、かつて『必殺仕掛人』で池波の原作を自由に脚色し、池波がそれに難色を示すとオリジナルとして『必殺仕置人』を製作する、といった具合に、確執があったからだ。また、石原興らによるグラフィカルな画面作りや、監督に先行して現場を進める

（石原本人が言うところの）「東京での悪評」が『鬼平』の世界を壊すのではないか、という恐れもあった。

もともと、市川と池波は時代小説の大家・長谷川伸の同門の弟子であり、一九六九年に市川が東宝テレビ部部長として『鬼平犯科帳』（ＮＥＴ）を映像化して以来、強固な信頼関係の下、脚本作りの全権を任されてきた。

市川は同じく長谷川伸門下の脚本家・井手雅人をチーフに、大映時代に自らが養成した脚本家の安倍徹郎、野上龍雄、田坂啓、櫻井康裕、下飯坂菊馬《しもいいざかきくま》らを起用し、彼らの主体性を尊重しつつ池波の最終確認を受けて、単なる捕り物時代劇ではない、人間の不条理や情念を抉《えぐ》り出すドラマを作り上げていった。

その脚本は、初代鬼平の松本幸四郎（先代）、二代目・丹波哲郎（75〜）、三代目・萬屋錦之介（80〜）と移り変わる中でも市川が一元的に管理して、現場サイドや俳優が勝手に脚本を変えることで原作の精神を崩すことを許さない一方、足りないところは深めていくというやり方で、一本のシナリオを時とともに熟成させていった。そして、当時、市川が所属していた東宝が製作し、東京にある国際放映の砧《きぬた》撮影所で撮影されていた。

『鬼平』を京都映画撮影所で製作するにあたり、市川は『必殺』色を消すため、その象徴的存在ともいえる石原をスタッフから外し、伊佐山巌、内海正治ら東京時代からのカメラマンを京都に連れていく。監督も同様に、小野田嘉幹《よしき》、高瀬昌弘というそれまでの『鬼平』を一手に任されてきた両ベテランが中心に据えられる。

この『鬼平』で何よりも大事にされたのが情緒だった。それは京都映画が作ってきた『必殺』の正反対に位置するものといえる。それを推進したのがフジテレビ・プロデューサーの能村だった。

「いままでの江戸っていうのは、東映の八百八町であって、そうではなくて草深い江戸、夜は暗い江戸っていうね、そういうのがやりたかった」

「深川っていうといままでの堀しかない深川じゃなくて、草深いところがあったりさ、江戸の解釈を新しくできたよね。従来とは全然違う深みのある画が撮れたと思いますよ」

そのために能村は、二つのことを製作サイドに要求する。一つはロケーションの多用だ。

前にも述べたように、京都映画の撮影所は手狭なオープンセットしかなく、また住宅街に隣接しているため、ロングショットが限定されてしまう。「必殺」シリーズはそれを逆手にとって、陰影の強い照明と極端なクローズアップによって戯画的空間を創出した。

能村は『必殺』とは逆に、カメラを外に出すことで解決を図る。幸い京都近辺は八幡堀をはじめ、大覚寺、嵐山、南禅寺、沢ノ池、落合など、江戸時代の情緒をいまに残すロケ地に恵まれている。

そのこだわりが最も端的に出ているのが、季節感を求める能村の提案が強く反映されたエンディングのタイトルバック画面だ。仁和寺の桜と舟遊び、摩気橋《まけばし》の霧雨と紫陽花、線香花火の背後に輝く打ち上げ花火、東福寺の通天橋の紅葉、降りしきる雪と屋台の蕎麦屋から立ち上る湯気……、草深い江戸情緒の象徴である橋の数々と季節の風物の同居、包み込まれる人間、そのこだわり抜かれた空間が『鬼平犯科帳』の世界を集約している。

「外で撮るようにこだわってもっていったことは確かだよね。橋一つにしても、オープンで撮れば楽なんだけど、どこの橋で撮るとか、臆せずロケに行くようにしむけてね。映像をとにかく外に出して、綺麗な昔の江戸を再現しようと、そういうふうに働きかけをしていったよね」(能村)

残すための時代劇

そうした市川や能村の要求に京都映画のスタッフたちも見事に応える。

「『鬼平』は『必殺』のときと違ってオーソドックスな照明を心がけています。話そのものや会話の面白さが魅力ですからね。あまり特殊なことはやらんほうがいいんやないかと思います。原作でも食べるシーンが多いですよね。軍鶏《しゃも》鍋とかを食べながらしゃべったり。そういうところを強調していきたいというのはあります。それはなぜかというと、一時間の中に非常に暗くて怖い要素がたくさんあるでしょ。だから、観ている方としてもちょっとしんどいんやないかと。ですから、ホッとする場面があったら、それを強調しようと思うんですよ。そういうバランスを非常に考えながらやっています」（林利夫＝照明）

また、園井弘一も、『必殺』のときとは違った意識で臨む。

「これはね、正統派でいったらエエなと思ったんですよ。正統派の時代劇なんだ、と。吉右衛門さんが出ていることもあったし、池波さんのを前に撮られた監督が東京から来られて撮ったわけですしね。それで美術の西岡さんもおっしゃってましたけど、『必殺』じゃないものを作ろう、ということですね。それが最初のコンセプトでしたから、チャカチャカしないで、ジックリ見せるほうがいい作品なんだろう、という気がしてましたね」

そこには、園井自身の編集という仕事に対する意識の変化があった。

「『必殺』終わって二、三年たって五〇のころにね、大先輩の編集マンの浦岡敬一さんからお手紙が来まして。放送を見られて、とても面白かった、と。良い作品はいつまでも残りますというような趣旨のお褒めの言葉をいただいたんですよ。そのころから、自分でも作品が残っていくことが大変重大なことに思えてきましてね。三〇代のころはそんなこと思わずに突っ走りましたけど、五〇くらいになりますとね、残っていくことが重要なんだ、おろそかに仕事してはいけない、というような気持ちが強くなっていきましたね」

一方、『鬼平』から外された格好になった石原興も、『残月の決闘』（91・フジテレビ）『神谷玄次郎捕物控』（90・フジテレビ）などの藤沢周平原作の時代劇で『必殺』の邪道流だけではない本格派の撮影を行い、カメラマンとしての円熟を見せつけた。特に『残月の決闘』では初めて組むことになる小野田嘉幹監督の指示をよく聞き、その流儀に合わせて画面に情感を持たせることに成功した。『残月の決闘』『神谷玄次郎捕物控』はいずれも、その年のギャラクシー賞を受賞している。

石原自身、園井と同様に時代劇に対する意識が変わってきていることを自ら指摘する。

「歌舞伎の世界はずっと伝わってる世界ですよね。吉右衛門さんなんか見ているだけで勉強になるんです。あんな煙管の使い方があるのか、というふうにね。いまの人には分からないじゃないですか。そういう時代劇の良さというのがなくなっていっているのが残念ですね。時代劇の良さって所作だと思うんですよ。ボクも若いころは、少々のミスなら勢いさえあればOKって言うたんですけどね。ある程度、年いってくると、そういうのに感心することが多くなってきますよね」

壊す時代劇から残す、伝える時代劇へ――。

一連の仕事を通して、石原・園井らの時代劇への姿勢は大きく変わっていった。それでも根底には『必殺』以来の現代的センスがある。こうした技術者としての成熟が、九〇年代の数多くの豊潤な時代劇を生み出すことになる。

作品世界のトーンを壊さずに深めることのできる、腕利きのカメラマンとしての信頼を勝ち得た石原は『闇の狩人』（94・テレビ東京）『雲霧仁左衛門』（95・フジテレビ）などの池波原作の時代劇にも起用されるようになった。ようやく池波ものをやれる。力の込められた石原のカメラは、情感とスタイリッシュさを併せ持つ世界を作り上げ、いずれの作品も忘れがたい名作になった。特に『闇の狩人』では、クライマックスに美しい夕景をロングショットでとらえる、それまでの石原カメラにはなかった淡い描線を作り出し、ベテランならではの画面の情緒、奥行きを見せ付けた。

また、同時期には深作欣二監督の『忠臣蔵外伝・四谷怪談』（94・松竹）の撮影監督も担当。見事にその年の日本アカデミー賞撮影賞を受賞している。その受賞理由は以下のようになっている。

「スクリーンいっぱいに華やかな色彩を乱舞させ、作品に力強い生命力を与えることに成功している。なるべく華やかな世界にしようと、ゴールドの世界をイメージし、従来の時代劇の世界を一新してみせた」

それはまさに、正邪、両方の技術を併せ持つ石原ならではのものといえるだろう。

また、『忠臣蔵外伝』では園井も同様に、撮りためた膨大なフィルムを、深作の信頼の下、自在につなぎ合わせ、石原同様、その年の日本アカデミー賞最優秀編集賞を受賞した。

その後、石原は池波ものを数多く担当するようになり、『剣客商売』や『鬼平』でも硬軟自在のカメラワークを見せていった。そして、現在では『剣客』『鬼平』のスペシャル版の監督にも起用されるなど、〈ここ一番〉の仕事を任されている。同様に園井も、最後は彼に預ければ何とかなる、とプロデューサーたちからの信頼は絶対的なものだ。

置き去りにされた撮影所で自らの手で腕を磨き、邪道といわれながら新しい時代劇を作り上げてきた若者たちは、いつしか正統の頂点に君臨していたのである。

第四章　東映の転身

作るしかない会社

東映京都撮影所の特色がスターシステムであるのはもちろんだが（第一章参照）、もう一つ忘れてはならないのが、最大で年間一〇〇本の時代劇を生み出していった、合理的な製作システムに裏打ちされた量産態勢だ。時代劇黄金期の東映では毎週二本ずつの映画が公開され、その大半を京都撮影所製作の時代劇が担っていた。ここまでの量産は他社には見られなかったものだ。その製作システムは、当時、海外の映画祭でグランプリをほしいままにしていた大映の永田雅一社長を羨ましがらせるほどのものだった。

では、なぜ東映だけ量産できたのだろうか。

「みんな貧乏性というか。義務感みたいなパッションがあったんやね。やらないかんという」と東映相談役の高岩淡は当時を振り返る。

「東映はメシ食わないかん貧乏会社なんですよ。戦後生まれのプロダクションやからね。そうすると映画作るしか能がなかったわけですよ」

いまでこそ老舗の雰囲気の漂う東映だが、東宝、松竹、大映という戦前からの邦画大手に比べて後発の、戦後誕生の会社だった。東映の前身、東横映画は東急の資本で満洲からの引き揚げ組を中心にできた会社だ。そのため、映画館、撮影所、スタッフすべてにおいて事欠く状況であった。大映の京都第二撮影所を借り受けて撮影し、自前の劇場がないため、これも大映に配給を頼んだ。製作は月に一本。劇場収入も大映に持っていかれる。ヒット作を出し続けなければ儲からない。経営は行き詰まっていた。

自前の撮影所と映画館の必要性を感じた親会社の東急は一九五一年、社長の五島慶太が私財をなげうって東横映画を中心に太泉映画、東京映画配給の三社を合併、さらに大映からレンタルしていた京都の撮影所も買い取り、新会社・東映としてリスタートすることになった。

先行する東宝、松竹、大映に対抗して生き残るためにできる手段、それは映画をとにかく数多く作っていくことしかなかった。

「後発だからウチはエエとこに映画館も持てなかったんですよ。後になって直営一〇〇館いうてもオンボロの小さな小屋ばかりですよね。だから貧乏性が身に付いて、ものの作る以外に生きる道なし、というのは東映の基本テーマなんですよ。映画館では東宝には敵《かな》わないわけですから。貧しい生い立ちで、ものを作る言うても作る場所もかける場所もなかったわけですしね」（高岩）

二本立て興行の秘訣

占領下の日本では、時代劇は封建的という理由からGHQにより製作を制限させられていた。東映が幸運だったのは会社設立後すぐに、その制限が撤廃されたことにある。これにより、千恵蔵、右太衛門の〈両御大〉ら時代劇スターを抱える東映は時代劇の量産化を開始、〈時代劇の東映〉としてその基盤を固めていく。

その上で忘れてはならないのが、〈二本立て興行〉というスタイルである。これを推進したのが当時、製作統括の立場にあったマキノ光雄だった。毎週二本ずつの時代劇を製作することで、地方の映画館から他社の映画を上映する隙間をなくし、プログラムを東映一色に独占してしまおう、という戦略である。自前の映画館がないなら数で埋める、それが東映の生きる道だった。

「向こうが戦艦なら、こっちは駆逐艦。だから数で勝負ですよ」（高岩）

そして、そのために徹底されたのが〈安く〉〈早く〉〈面白く〉ということだった。当時、東映に続けと他社も二本立て興行を始めていた。それでも東映ほどの効果をあげることはできていない。

一社だけが成功した理由は、東横映画時代からの東映を知る渡邊達人によれば、東映だけが最初から〈二本立て興行〉に対する意気込みが違っていたからだという。東映は頭から二本立てにするという覚悟だったが、他社にはそれがなかった。製作費をかけすぎたのである。

マキノを筆頭に、とにかく、いかに安く、いかに早く、面白い映画を作るのか、それを第一に置いていたから、東映の二本立て興行は成功したのだと渡邊は言う。それは、東横映画時代に何度も倒産の危機を潜り抜けた東映ならではの〈貧乏性〉な計算に裏打ちされたものだった。

東映も他社も、長編映画一本に短編一本を加えて上映するというスタイルは同じだった。が、他社の場合、二本ともに同様の予算体系で製作していたため、結果的に二本分の製作費を一週間の興行でペイしなければならなくなり、利益率の減少を招いてしまった。

対して、東映は二本目の短編映画「東映娯楽版」を三部作として一挙に製作させ、それを前編、中編、後編と三回に分けて公開させた。つまりそれは〈三部作で一本の映画〉というとらえ方であり、となると予算も〈三作で一本分〉。そのためスタッフ、キャストのギャラは一本分しか支払われなかった。そして、マキノの陣頭指揮の下、そんなギャラでもやる新人や若手だけを集めて製作が遂行されていった。これにより、大幅な予算の圧縮に成功し、二本立て興行用の映画を安定的に製作し続けることができたのである。

この「東映娯楽版」の連作の中から『紅孔雀』のようなヒットシリーズが生まれ、中村錦之助、東千代之介がアイドル的人気を博し、〈両御大〉に続くスターとして東映時代劇の人気を牽引していくことになる。

徹底した製作管理と〈鬼の岡田〉

東映の製作における基本テーマは、高岩淡言うところの「数で勝負」の「駆逐艦」商法、つまりは〈薄利多売〉ということになる。この量産態勢を持続するためには、製作段階での予算と日程のロスは厳禁だ。そこで、予算とスケジュールの管理が徹底された。

その黄金期から東映の製作畑を歩き続けた翁長孝雄は、予算とスケジュールが第一で、凝った撮り方をしても仕方ないというのが東映流だという。

それは初代社長・大川博が作り上げた伝統だった。東映設立に伴い東急から出向した大川は経理畑出身だけあって、配収予想から逆算して製作費を割り出し、そこからはビタ一文たりともオーバーさせないという、厳格な予算主義を敷いた。

その大川の下、一九五七年に四八歳の若さで死去したマキノ光雄に代わり、予算主義を現場で取り仕切ったのが、弱冠二七歳で京都撮影所製作課長に就任した岡田茂だった。天才的な閃きと持ち前の押し出しの強さで難局を切り抜けるその豪腕は、〈鬼の岡田〉として社外はもちろん、京都の撮影所内でも恐れられていた。

「朝七時半には岡田は撮影所に来ているわけよ。課長なのによ。それで各組のロケ行くのを全部見送って、それで一〇時から部屋に閉じこもって脚本のチェックから全部やってる。ロケに行ったら雨が降ろうと矢が降ろうと、撮ってくるまでは帰ってくるなって言うわけですよ。雨は照明の当て方次第で消せるって。雨で中止にしたら一回のロケで五〇万から一〇〇万円スッ飛ぶわけですよね。そういうことは絶対に許さなかった。だから、スケジュールはハマるは、予算もキチンとハマるはで、ヨソが一本四〇〇〇万〜五〇〇〇万円かけてるころに、娯楽版なんて九〇〇〇万円でしたからね。そりゃあ、儲かりますよ」（高岩）

予算とスケジュールを守るため、とにかく早く撮ることが大事にされた。早朝にセットに塗料を塗ってそれが乾かないうちに撮影が始まり、終わったころにようやく乾いたなんてこともあったという。

また、撮影中のNGも二カットに一回しか出せなかった。当時、すべての経費で人件費がいちばん安くて、フィルム代がいちばん高かったためである。フィルムは普通、NGを含めると完成作品の二〇〇％はかかってしまう。が、岡田はそれを認めなかった。一九〇％までしか使用は認められず、そのためリテイクやNGは極力控えられることになった。

こうした〈鬼の岡田〉の厳格なスケジュール・予算管理が徹底されたからこそ、東映は他社には実現できなかった二本立て興行による地方館の独占に成功したのである。

現場は戦場

徹底した予算管理による量産化の成功と、第一章で述べた磐石のスターシステムにより、〈後発の貧乏会社〉だった東映は邦画興行の頂点に君臨することになった。

しかし、支える現場スタッフたちにとって、そこは文字通りの戦場だった。

こうした東映の製作態勢は、アーティスティックな職人たちが一つ一つの仕事をこだわり抜いていく大映流の作り方の対極にあるものだといえるだろう。大映が〈個〉の力で勝負なら、東映は〈集〉の力で戦っていた。

〈東映ベルトコンベア・システム〉。スタッフたちは自嘲的に自分たちの製作システムをそう呼んでいた。

正社員は少なく、契約スタッフの給料は安くて退職金もない。そういう連中が多数集まり、人海戦術で休みなく撮影は進んだ。クランクアップして一日休むと、翌日からはもう次の組に入る。年間のスケジュールを組む段階から製作ラインに空きはなく、これが終わったら、次にこれに入るといった具合だった。監督には準備段階があったが、助手、スタッフはブランクなしで次から次。正規の祭日も関係なく働いたという。助監督や技術班は他社では年に四、五本がせいぜいのところを、東映は年に一〇本はざらだった。

〈東映の京撮に歩いている人間はいない。みんな走っている〉

それはいつしか伝説になった。

そんな現場を「戦場だった」と当時、製作事務としてスケジュール管理をしていた翁長孝雄は振り返る。

毎日絶えず一〇班の撮影が入っていた。特に撮影が佳境になる夕方の三時から六時はものすごく混んだため、各班で、役者、ステージ、エキストラの取り合いになった。特に馬は限りがあるから大変だったという。また、編集やアフレコをするにも、仕上げの部屋も機材も足りなかった。

さらに、翁長たち製作部は徹夜組に布団を配るのも仕事であったため、撮影が終わるまで残らなければならなかった。月の残業は三〇〇時間を超え、翁長は過労で入院した。

しかも、当時の東映の賃金水準は邦画大手の中でも「最低水準」だったという。

「正社員でも松竹の六割くらいですよ。まして臨時や日雇いとかがほとんどでしたからね」（高岩）

首切りなき合理化

ただ、これだけ苦しい現場でも不思議と彼らから不満の声は聞こえてこない。むしろ楽しそうですらある。

「とにかく現場がよく働きました。封切り前は三日の徹夜なんて当たり前でしたよ。それでも苦情はありませんでしたね。やる気、活気のある現場でしたよ」

と、東横映画時代から製作部の第一線で活躍してきた神先頌尚《かんざきひろなお》は言う。

そこには、撮影所仲間という連帯感があった。東映京都のスタッフの特徴は先輩、後輩や立場の違いを超えて「～ちゃん」「～くん」と親しげに呼び合う同胞意識である。互いを役職で意識するような堅苦しさは感じられない。

「撮影所は利害関係を無視した社会なのね。心のつながりの同志的結合体なんですよ。

ボクは上下関係を否定したんです。上役なんておらへん、と。映画なんてのは、オレが日本一と思うとる奴らが寄って作るもんなんですよ」（高岩）

この同志的結合が、「作るしか能のない会社」東映を前代未聞のサバイバルへと向かわせる。それは〈首切りなしの合理化〉――「作る」機能を温存したままのリストラだった。そして、そのためには、細かいことにはなりふり構っていられなかった。

第一章で述べたように、六〇年代に危機的状況を迎えた東映京都撮影所の所長となった岡田茂にとって、その立て直しは至上命題であった。岡田は〈鬼の岡田〉と恐れられながらも、現場への理解の深い人間でもあった。

製作部長時代に、組合長だった高岩に促される形で、最も組合運動の激しかった照明部の契約スタッフたち全員を社員として受け入れるように大川社長に掛け合ったほどだ。それだけに、いくら会社の状況が苦しくとも、苦楽をともにしたスタッフたちを解雇するのは忍びがたいものがあった。

「何があってもクビにしたらアカン、って岡田さんは言うてましたよ」（高岩）

といっても〈人海戦術〉で映画製作をしてきた東映京都撮影所にとって、斜陽化に伴う人員の整理は最大の課題だった。

そこで、経営の多角化による配置転換で、人員の合理化を行うことになった。まず初めに一九六四年、路線変更に反発した多くの時代劇スタッフたちを東映京都テレビプロダクション(以下、テレビプロと略)に出向させた(第一章参照)。

その成功を受け、翌年に設立されたのが東映京都制作所(以下、制作所と略。一九七四年に東映太秦映像と改称。現在に至る)だった。テレビプロがNET系の番組を受注し(六六年開始のフジテレビ『銭形平次』のみ、主演の大川橋蔵の馴染みのスタッフが多かったことからテレビプロが例外的に受注している)、他局や他製作会社の番組は制作所が受注することになった。が、テレビプロが時代劇の手練たちの新たな活躍の場として用意されたのに対して、制作所の目的は組合対策であった。回ってくる仕事もテレビプロが独自に番組を開発していった(第一章参照)のに対して、制作所は予め決まっている企画の現場運営をするだけ、という〈下請け〉〈孫請け〉仕事ばかりだった。

美術部の縮小に伴い、設立当初から参加していた神先頌尚は次のように語る。

「テレビプロはNET専属の優良会社。こっちは活動派のリストラ場所ですからね。しょっちゅう団交で苦労しましたよ。何でオレがそんなところに苦労して行かんとアカンのや、と当時は思っていましたね。撮影所が本体で、そこから借りるというイメージでしたから。何を使うにも遠慮がありましたよ」

それでも一九六九年、『水戸黄門』の製作が電通の子会社C・A・Lの下請けとして始まると経営は軌道に乗り出し、撮影所内の地位も向上するようになった。

「『水戸黄門』が当たりだしてからですかね。会社も、利益を出してスタッフを食わせるのがテレビ、と関係性が変わっていきましたよ」

制作所はそれ以降、日本テレビから『桃太郎侍』(76)、『長七郎江戸日記』(83)などの人気ロングシリーズを受注し、東映時代劇の屋台骨の一つになっていった。

こうして、東映の〈首切りなき合理化〉の第一弾は、量産期のシステムを残したまま成功したのだった。

『大奥』のスタート

第一章でも触れたように東映のテレビ進出は早く、一九五九年、NETの開局と同時に始まっている。京都撮影所では『風小僧』や『白馬童子』などが製作され、好評を博した。が、その現場は過酷そのものだった。

「それはわびしいものでした。当時はテレビが映画の強敵になるだなんて、思いもよらなかったですよ」

とは翁長孝雄。翁長は撮影所の製作事務をしていて過労で倒れた後に『風小僧』の助監督として現場復帰していた。

ただでさえ厳しい東映のスケジュールのさらに上をいくタイトな製作日数。あてがわれたスタジオは、普段なら小道具のアップを撮るために用意されたいちばん小さいものだった。役者は無名の大部屋俳優だけ、スタッフもヨソからの「寄せ集め」が中心で、しかも映画の半分以下の人数だった。全盛期を謳歌する東映京都撮影所にあって、それは辛い現場だった。

一九六〇年の『白馬童子』を最後に撮影所本体でのテレビ時代劇製作は中止となり、以降はテレビプロ、制作所といった傍系が受注していくことになる。

六九年、撮影所の企画課長としてスケジュールやキャストの管理、組合との団交に携わっていた翁長に岡田茂所長からの指示が下る。

「これからはテレビで食っていかなくてはダメだ」

六四年の東京オリンピックを前後して受信契約台数一〇〇〇万台を突破したテレビは、その後も高度成長の波に乗って順調に台数を伸ばし、産業としても巨大化し、大衆娯楽の頂点に立つようになっていた。

任俠映画路線への切り替えに成功した東映は、斜陽化に苦しむ他社を横目に好調を持続していたが、それにも疲れが見え始めていた。次の路線を考えなければ生き残りは難しい。

そんなとき、開局一〇周年企画番組を東映で、という関西テレビからのオファーが舞い込んでくる。そして、かねてから親交のあった関西テレビ副社長と岡田茂の話し合いにより、東映京都撮影所本体による製作が決定する。

それが『大奥』（68）だった。六七年のヒット映画『大奥㊙物語』をテレビシリーズ化しようというものである。そして、映画『大奥㊙物語』の企画者でもあった翁長に本作のプロデューサーとしての仕事が回ってくる。

全力でテレビを！

「『風小僧』のころとは全然違いましたね。今度は撮影所が全力をあげてやる、という態勢でしたから」

そんな翁長にとっての不安は、撮影所本体が製作することで、傍系に比べて割高になるスタッフ、キャストの人件費をまかなえるだけの予算を組めるかということだった。関西テレビから入る受注額から試算したところ、スタッフ十数名分の人件費しか割くことができない。そこで翁長は、撮影所の身銭を切って人件費や美術費に回すことにした。

当時のトップどころの女優たちが顔を連ね、セットも豪華に組んだ。大奥の女たちを艶《あで》やかに着飾らせる衣装や小道具の問題はあったが、時代劇黄金期の遺産ともいえる潤沢な隠し財産の使いまわしができたのも幸いした。

「どうして役者に金をかける」「セットが豪華すぎる」。かかりすぎる製作費に批判的な経理、営業サイドの矢面に立たされた翁長だが、東映の信用のため、とそれを突っぱねる。

一方の関西テレビからはプロデューサーとして加藤哲夫が派遣される。すでにテレビプロと組んで六七年に『仮面の忍者　赤影』をヒットさせていた加藤は、東映の劇場用スタッフ相手に映画とテレビの違いを教え込み、朝から晩まで現場に張り付いて自らスタッフルームの鍵の開け閉めをするなど、スタッフの一人としてフル稼働した。

いい時間帯はキー局のフジテレビに押さえられていたので、『大奥』は夜一〇時半からという、当時では深夜帯の放送だった。そのため、どうしても予算が足りず、満足なキャストを組むのが困難であった。そこで加藤は脚本家たちと合宿しながら番組全体のシリーズ構成を考え、そこにキャストを割り振っていくことで、撮影日数を限定して少ないギャラで豪華キャストを集めることに成功した。

翁長、加藤の踏ん張りもあり、それまでのテレビ時代劇にはない豪華絢爛な『大奥』は大ヒットを記録、その後、『あゝ忠臣蔵』『大坂城の女』『徳川おんな絵巻』と大作時代劇が継続して製作されることになる。そして、その際に築かれた東映＝関西テレビの信頼関係が、やがて東映京都撮影所の時代劇復興の礎となっていく。

「身を切って、いいものの当たるものを作れば営業的信頼を得て次につながる、という意気込みでやりましたね。あれを最初から、これは金が合わんから、とセコいやり方していたら絶対失敗していたと思いますよ」（翁長）

行き詰まる映画企画

『大奥』に全力を傾けての成功は、撮影所本体のテレビへの意気込みの強さを表すものであり、それは映画への危機感を強く抱いていたことへの裏返しともいえる。事実、本体でのテレビ製作受注にはもう一つの狙いがあった。
「人間、遊ばすわけにもいかんでしょう。遊ぶよりは仕事したほうがいいんです」（翁長）
年々映画の製作本数が減少していく中で、スタジオの稼働率も下がっていった。このままでは多くのスタッフが余剰人員になってしまう。たとえ受注額が安く、儲けが出なくとも、テレビの仕事を請けないわけにはいかなかったのである。

「みんながメシ食えたらそれでエエ。あとは会社がかぶるから言うて岡田さんはテレビを始めたんですよ」（高岩）

〈首切りなき合理化〉のために、ここでも東映はなりふり構わない生き残り策を講じていた。それほどまでに、当時の撮影所事情は行き詰まりを見せていた。

一九六四年以来、任侠路線は鶴田浩二、高倉健の両スターに加えて藤純子、若山富三郎が看板俳優に成長するなどしてヒット作を連発していた。が、六〇年代が終わるころには急激に失速し始める。六八－七一年と四年続けて東映京都撮影所製作の映画は年間邦画配収トップテンから姿を消していた。

企画部長だった渡邊達人は、路線の限界を感じるようになっていた。

任侠映画は時代劇と違って世界が狭く、題材に限りがある。しかも、予めタイトルとキャストを決めてからの脚本作りとなるため、企画の幅は狭くなり、脚本家も書きようがなくなっていた。

しかし、この路線に絶大な自信を持つ岡田は、一般映画に切り替えを、という渡邊の提案を却下してしまう。逆に一九六八年からは『徳川女刑罰史』に始まる石井輝男監督らの「異常性愛路線」をスタートさせ、不良性を高めることで難局を乗り越えようとした。実際、この極北ともいえる路線は『徳川女刑罰史』がその年の配収年間ベストテンに入るなど、一定の興行的成功を収める。

そこで、「毒を食らわば皿まで。行くところまで行くしかない」と渡邊も思い切って、成人指定を覚悟でこの路線を推進する。さらに一九七三年の『仁義なき戦い』が大ヒット、これを皮切りに実在の現代ヤクザの抗争に材を採った実録路線で一時的には盛り返すものの、〈異常性愛〉〈実録ヤクザ〉というあまりに生々しい内容に観客層はさらに狭まっていく。

いずれも、任俠路線よりもさらに題材的に難しいものであり、そう長続きはできなかった。次の路線は決まらない……。このままでは撮影所システムの維持が困難になっていた。

映画村の誕生

松竹はいち早く一九六五年に京都から撤退、大映は七一年に倒産した。東京でも七一年に日活が大幅な人員削減の末にロマンポルノに転向、前後して東宝も製作部門の切り離しを行い、映画製作から撤退している。各社とも、製作部門を大幅縮小することで難局を乗り切ろうとしていたのである。東映京都にも確実に〈最後の日〉は迫りつつあった。黄金期には七〇〇〇館を数えた配給映画館は二〇〇〇館に激減していた。

かつては〈みんな走っている〉という伝説にもなった撮影所の稼働率は七〇％にまで落ち込み、テレビ製作で何とか人材を回していたが、それも大きな利益にはなっていない。

七一年に社長に就任した岡田に代わって京都撮影所長になった高岩淡は、こうした状況に危機感を募らせていた。

〈東映はつぶれても撮影所は残す〉

という信念を持っていた高岩は、生き残りのためのウルトラCを考える。

それは、太秦の土地を売却して滋賀県の山中に撤退、そこに県も巻き込んで撮影所施設だけでなく、安土城をはじめとするような観光施設とスタッフ等の住居も兼備した一大レジャー施設を建設しよう、という壮大なプランだった。当時、太秦の売却益は一坪五〇万円、対して滋賀の土地は坪一〇〇円、大掛かりな施設を建設してもお釣りが出る。これなら撮影所が東映本体から切り離された場合でも、独立採算でやっていける。

「発想は夢やったのね。ヤクザ映画に乗り換えても京都は前は年間一〇〇本だったのが、当時は五〇本を割ってたものね。テレビやっててもそれだけではアカンと。誰が考えても東西二つも撮影所はいらん、となりますよね。そうなると京都は自分で考え

なきゃしゃあない、となるわけですよ。といっても他に商売できるわけでもないし」（高岩）

が、社長に成り立ての岡田はこの一見、荒唐無稽なプロジェクトに難色を示す。そうこうしているうちに、会社自体に移転事業を行う余裕はなくなっていた。

それなら、と高岩は京都撮影所のオープンセットを一般に有料開放してテーマパークにしようという案に思い至る。

当時、撮影所の一部はボーリング場に改装されていて、一時は東映の財政を潤していたが、ブームが去るとともに客の入りは途絶えていた。その再開発のため、スーパーにしようという案も出るが、「映画の灯を守るという前提で考えんといかん。スーパーにすると映画は消える」と高岩はそれを一蹴していた。高岩には、かつて三条通りの撮影所前を観光バスが通った際に乗客たちが拍手を送った光景が頭から離れなかった。撮影所を開放すれば多くの人が見に来てくれるはず。が、またしても岡田社長がこれに異を唱える。撮影の邪魔になる、それに映画は夢を売る商売、裏側を見せたらアカン。今度は高岩も食い下がった。

「このまま放っといてマンションかスーパーにでもするんですか。それじゃあ我々はメシは食えん。京都の人間は京都以外ではメシが食えんのです」

実際、映画をやめるくらいなら首を吊って死ぬ、とまで言うスタッフもいたらしい。そこで、どの程度の集客が見込めるか試算したところ、隣接する広隆寺の参拝客が年間七〇万人ということから、一日二〇〇〇人はいける、となった。

まずは実験的に一日限定の開放が行われた。宣伝は新聞の折込と京福電鉄の中吊りだけ。にもかかわらず、八〇〇〇枚用意したチケットはアッという間に売り切れ、急遽、食堂の食券にハンコを押して配った。結局、来場者は二万人を超えた。

この大盛況を前に岡田も納得し、撮影所の有料開放が決まる。稼働率の下がったオープンセットを中心に、ボーリング場はレーンに板を張って食堂に改築、さらにシドニー・ポラック監督作の映画『ザ・ヤクザ』(74)でハリウッドに作らせたステージを資料展示スペース〈文化会館〉に改築した。この事業に興味を示したNHKがドキュメント番組を放送したのを皮切りに、各新聞社、テレビ局の取材が殺到。元手なし、宣伝費なし。それでも見事な映画テーマパークができあがった。

一九七五年一一月一日、「東映太秦映画村」は開村する。ちなみにその名称は、そのときのNHKのドキュメント番組のタイトルから採ったものだという。

スターたちの撮影風景が見られるとあって、来場者は後を絶たず、わずか一年で二〇〇万人の来場者を数えた。そして、そこから入ってくる資金を映画、テレビの製作費に回すことで、再び質の高い時代劇の製作が可能になったのである。こうして東映京都撮影所は崖っぷちの危機から再び息を吹き返した。

「映画の灯を消すな、がスローガンで、映画村はその手段やったのね。そのおかげで京都は生き残れたんやね」（高岩）

映画村が大きかったのはそれだけではない。〈首切りなき合理化〉の受け皿にもなったのである。

当時、製作部長になっていた翁長孝雄は岡田、高岩の懐刀として〈大合理化〉の命題を突きつけられていた。一度は臨時スタッフとの契約をすべて解除して、一部のスタッフだけを連れて台湾で撮影したほうが上手くいくのではないか、という構想を抱くまでに追い詰められていた。そこに映画村オープンの話が舞い込む。

そこで翁長は、「行くも地獄、残るも地獄。それなら新しいところに行ったほうが、まだ夢があるだろ」と大部屋俳優、契約スタッフの一人一人を説いて回った。

新しい路線が決まらない、次に何が来るか分からない……。七五、七六年と二年続けて東映京都製作の映画は配収の年間ベストテンから姿を消していた。高岩の言う通り、いつ「二つも撮影所はいらない」と言われてもおかしくない状況だった。「お先真っ暗」な厳しい撮影所事情の中で、それは翁長のウソ偽りない心情だった。

さらに翁長は、彼らを映画村が正社員として雇うことで身分、収入の安定を約束した。納得したスタッフたちは映画村へと出向していった。その数は一〇〇人以上であった。

「二二年ぶり」の時代劇映画

映画村の盛況で撮影所の経済事情は好転したが、肝心の映画製作は不振だった。一九七三年に『仁義なき戦い』シリーズや『山口組三代目』などの〈実録路線〉にヒット作が生まれたが、長くは続かなかった。その後は「日本の首領《ドン》」シリーズなどのオールスター大作に活路を見出そうとするが、これも長くは続かなかった。

時代劇で何か大作を――。

岡田茂が言い始めたのはそんなときだった。映画村で盛り上がり始めた時代劇の気運を上手く取り込もう、という狙いだ。

これに乗ったのが深作欣二監督と日下部五朗、松平乗道の両プロデューサーだった。当時、彼らは戦前の時代劇映画『浪人街』のリメイクに挑んでいたが、音頭をとっていたジャーナリスト・竹中労の相次ぐ介入により挫折していた。竹中を外して何か別のものをやろうとしているところに、舞い込んできたこの岡田の提案である。彼らは喜んで企画に取り掛かった。

〈カラテ映画〉の成功でスターダムにのし上がった千葉真一が時代劇をやりたがっている、ということで、千葉主演の企画を練っていたところ、日下部が、「それなら、時代劇版の『仁義なき戦い』をやろう」と提案する。敵味方入り混じっての烈しい抗争劇を時代劇でやろうというのである。

「だったら三代将軍・家光の時代が面白い」

そう提案したのは日本史に明るい松平だった。柳生十兵衛・但馬守親子の抗争を主軸に権力闘争が描かれることになった。もちろん十兵衛には千葉真一。タイトルは『柳生一族の陰謀』に決まった。そして千葉の相手役、悪役でもある但馬守には萬屋錦之介（中村錦之助）という案が持ち上がる。

錦之介は一九六七年に東映の組合闘争に巻き込まれ、同年の『丹下左膳』を最後に退社。以来、一〇年以上も東映とは袂《たもと》を分かっていた。その後、錦之介は中村プロを設立、『子連れ狼』や『破れ傘刀舟悪人狩り』などの人気テレビ時代劇に主演していたが、東映京都に戻ることはなかった。

その説得役になったのが高岩淡だった。『一心太助』時代から錦之介の進行主任をしていた高岩は、撮影所を去った後も錦之介とのコンタクトを欠かしていなかった。

「アンタが言うなら喜んで出るよ」

錦之介もまた、高岩の誠意に応え、出演を快諾した。

衣装合わせの日、一二年ぶりに京都撮影所を訪ねた錦之介を、正面玄関でスタッフたちが総出で自然発生的に出迎えた。

「お帰り、若旦那!」

予想外の出来事に錦之介も感激、昔馴染みのスタッフとの再会を涙ながらに懐かしんだ。

「隅で見ていてね。これで『柳生一族』は当たる、と思ったね。映画はああいうパッションが大事なんですよ」(高岩)

東映時代劇黄金期の象徴的存在でもある錦之介の復帰は、東映時代劇ひいては東映京都撮影所の復活を意味するものでもあった。いやが上にもスタッフの士気は上がった。

「それまで時代劇というとエロしかなかったですからね。本格的なのが久しぶりに撮れるということで撮影所も盛り上がったですよ」(松平)

公開初日、待ちきれない観客は丸の内東映を三重に取り囲んだ。錦之介は雪の中、その観客一人一人に握手して回った。映画は大ヒットを記録し、東映時代劇の復興を世間に印象づけた。

テレビ時代劇をスタジオで

しかし、これも決して長くは続かなかった。続く『赤穂城断絶』(78)では深作と錦之介の間に溝が生まれ、『真田幸村の謀略』(79)、『徳川一族の崩壊』(80)はいずれも不入りに終わり、大作時代劇路線も早々と幕を閉じる。映画は二本立て興行の時代は終わりを告げ、一本立ての時代へ。それは製作本数の致命的な激減を意味している。

当時、製作部長として撮影所本体、テレビプロ、制作所それぞれのテレビ受注の差配をしていた翁長孝雄に、「テレビでスタッフを確実に食わしていくように」という圧力が強まる。一本立て興行が主流になったことで、当たり外れの激しい映画製作のリスクは一層高まった。一方でテレビは収入を固定できることから、予め利益を計算できる。あくまでも〈作るしか能がない〉東映がテレビに軸足を置くようになっていったのは、もっともな話だ。

そして、衣装、小道具などの過去の財産に加え、映画での儲けや映画村からの資金まで製作に回せる。しかも、映画村のおかげで、オープンセットが立て付けのままだから、セットの使いまわしも利いた。同じ予算でも、傍系に比べて撮影所本体が作るテレビ時代劇の画面は、傍系の作るものとはやはり一味違ったものになるのは当然だった。そのため、本体へのテレビ局からの受注は増加の一途を辿っていた（一方で、テレビプロはその存在意義を失っていき、八〇年代半ばには撮影所本体に吸収される形で解散することになってしまう）。

プレッシャーの降りかかった翁長は一つの決意を固めた。撮影所の独立性は、何があっても保持する……。本社やテレビ局の企画が現場に流れてきたとしても、現場の主体性は絶対に譲らない、それが翁長の方針だった。企画の内容から脚本から、現場のプロデューサーが全部仕切らないと下請け子会社同然になって主導権を取られてしまう。主導権を取られたら製作費も自由に使えなくなる。翁長は八四年に京都撮影所を去るまでこの方針を貫き通し、撮影所が下請け工場になることを回避する。本社は局との営業折衝だけ。あとはこっちが全部やる……。

東映京都撮影所がテレビの世界でシェアを広げていったのは、東映製作のテレビ時代劇が視聴者から高い支持を受けたからにほかならない。

テレビでの東映時代劇の特色は、映画とはやや異なっている。映画では『旗本退屈男』に代表されるように完全無欠のスーパーヒーローの活躍を描いていたが、テレビでは、そこにコミカルな一面やアットホームな雰囲気が加えられている。それが東映時代劇の新しい魅力となった。こうしたテレビ時代劇のフォーマットを作ったのが、一九七二年の田村正和主演『眠狂四郎』以来、脚本プロデューサーとして携わってきた松平乗道だ。

松平は翁長の〈独立精神〉の下、自由にドラマ作りをしていく。

「当時、劇場では時代劇をやれないから、テレビで時代劇がやれて嬉しかったですね。それにテレビのほうが自由が利きました。映画は博打性が強いですし、状況も厳しかったので、上層部の締め付けが厳しかった。テレビは製作費が予め決まっているので、赤字さえ出さなければそれでいい、という自由さがありました。シリーズが流れ出してからの一話一話は自分の好きにやれましたよ」

松平はドラマ作りに深く関わっていき、時間が足りないときは自らが脚本やナレーションの執筆をすることもあった。それだけの情熱をテレビ時代劇に注いでいったのである。

松平がテレビ時代劇を作るにあたって最も大切にしたもの、それは〈視聴者からの共感〉だった。

「東映の完全無欠のヒーローっていうのには、その時代から反発がありましたし。テレビではまず視聴者を考えました。共感は得られるだろうか、と」

そこで、松平は「必殺」シリーズ同様に〈二面性のドラマ〉（第三章参照）を持ち込むことにした。

たとえば『賞金稼ぎ』（75・NET）。主演の若山富三郎扮する賞金稼ぎと、彼に狙われる賞金首との死闘を描いたマカロニウエスタン風のアクションがストーリーの主軸である。しかし、ここでの若山は普段は寺子屋を経営している設定になっている。子供たち相手に四苦八苦する日常描写でコミカルな一面を見せ、笑わせてくれる。一般視聴者にも共感できるキャラクターになっているのである。子供相手に困り果てる表情と、悪党相手にすごむ表情、このギャップこそが『賞金稼ぎ』の魅力だ。これはコメディ任侠映画「極道」シリーズをともにして、若山の三枚目としての魅力をよく知る松平ならではの設定といえるだろう。

テレビ版『柳生一族の陰謀』（78・関西テレビ）も同様だ。劇場版では凄惨な権力抗争とそれに巻き込まれるようにぶつかり合う十兵衛・但馬守親子の相克が描かれたが、ここでは父と子は温かい信頼関係に包まれている。また、劇場版では権謀術数に長けたマキャベリストだった父親役も、錦之介ではなく山村聰が演じたこともあり、優しく息子の活躍を見守る好々爺といった風情になっていた。こうした変更に千葉真一は反発するが、売りであるアクションシーンを千葉の思い通りにさせることで折り合いをつけた。

「全三九話の長丁場ですから。それをもたすためにはアットホームな雰囲気が絶対に必要だったのです」

松平自身、当時を〈プロデューサーとして最も充実した時期〉と振り返っている。それほど、当時の本体製作のテレビ時代劇の完成度は高かった。

さらに一九八〇年の『服部半蔵　影の軍団』（関西テレビ）では翁長の発案で、服部半蔵（千葉真一）ら伊賀忍者たちのアジトを銭湯に設定。政治闘争や忍者アクションと女湯のコミカルなお色気描写を同居させ、人気を博した。これには『必殺』の山内久司も感心したらしく、翁長には山内から好意的な電話が寄せられたという。

「影の軍団」はシリーズが経つにつれ、「天魔伏滅」「この世を照らす光あらば、この世を刺す影があると知れ」といった決めゼリフを千葉真一が言うようになる。これもまた、シリーズを「長丁場にもつ」ものにしていくために東映の伝統的な作劇方法論を活かしたものだった。

「テレビというのは習慣性がありますから、そういうパターンを視聴者が待っているんですよ。こうやって決めゼリフで締めるというのは、映画黄金期に脚本家の比佐芳武さんが考えたやり方です。『多羅尾伴内《たらおばんない》』の「あるときは片目の魔王に化け～」とか、『旗本退屈男』の「天下御免の向こう傷」とか。そのノウハウ、伝統を受け継いだんです」（松平）

こうして東映は、伝統的なヒーロー時代劇に『必殺』的な二面性を組み合わせることで、テレビ時代劇としてのフォーマットを完成させていく。

『暴れん坊将軍』

その後、東映は映画のときと同様に、テレビ時代劇でもパターン化による量産態勢を強めていった。

「視聴率のいいものは、とにかく続けていきました。パターン化が視聴率を持続させるんですよ」（翁長）

そして『影の軍団』と並んでその支柱となったのが、一九七八年スタートの『暴れん坊将軍』だった。これはテレビ朝日発信の企画で、当初は主人公の徳川吉宗（松平健）は自らは殺陣には参加せず、家臣たちに命じて悪を成敗するというだけの設定になっていた。これに反対したのは、メイン監督を務めた荒井岱志だった。

「実際のシリーズと違ってもっと真面目で。主役は立ち回りをやらないんですよ。命令を下すだけで。僕は反対しました。「土曜の夜八時で裏番組も強力です。主役が座ってるだけだったら視聴率取れませんよ」と。そうしたらプロデューサーが言うんです。「でも将軍がチャンバラしたらオカシイでしょ」と。で、僕は言ったんです。「将軍だって何だってチャンバラやらせたらどうですか」と。そうしたら脚本家の方も同調してくれまして。それでテレビ朝日のプロデューサーも最終的に押し切られたんです」（荒井）

『琴姫七変化』『素浪人月影兵庫』『銭形平次』など、ロングシリーズを手掛けてきた荒井には、テレビ時代劇を成功させる確たる方法論があった。

「マンネリを作る、ということです。「いつ見ても同じだな」と言われるようになると長く続くんです。マンネリを作るのは大変なことなんだ、と。大衆に受け入れられる要素があるからマンネリになるんであって、それがないと続きません。パッと初めて見たときに「これは面白い」というのでも、一〇本続くとマンネリになる。それが段々と「いつ見ても同じ」だけど「見てしまう」となっていくんです。それがマンネリを作るということです。『暴れん坊将軍』では将軍が乗り込んできて「余の顔を見忘れたか」というパターンをまず作って、そこに行くまでの手法を変えてみるんです。脚本には「ここで吉宗登場」と簡単にしか書かれていませんから。あるいは逆にセリフが長過ぎたり。それを変えて、ああいうシーンに作っていきました。今までの経験があるので、それが分かるんです。時代劇は嘘があっても見てくれますし、そこが楽しいわけですからね」

この荒井の狙いは見事に的中し、『暴れん坊将軍』は『銭形平次』に次ぐテレビ時代劇で史上二番目の話数を数えるロングシリーズとして人気を博することになる。

作り続ける生き様

ロングシリーズのテレビ時代劇の力によって、再び東映京都撮影所は時代劇で活況を呈していく。

そして、テレビシリーズを数多く受注していくにあたって、何といっても東映が強かったのは、〈首切りなき合理化〉によって、黄金期の量産態勢をそのままにここまで来たことにある。そのため、過酷なテレビのスケジュールもお手のもの。難なくこなすことができ、受注の急激な増加にも平気で対応できたのである。

「まあ、もともとがテレビみたいな製作態勢やったからね」(高岩)

一九八八年には『必殺』が実質的に終了したこともあり、すべてのテレビ時代劇が東映京都撮影所の発信になっていた。二五年間でその製作本数は五〇〇〇本を超える。

映画黄金期をもしのぐ製作本数である。

「とにかく時代劇の本数が入って忙しくなりましたね。劇場時代劇全盛期並みの忙しさでしたよ」（松平）

こうして東映京都撮影所は斜陽期を見事に生き残り、復活を遂げた。そして、黄金期のままの製作システムを残す日本唯一の撮影所となった。

東映京都撮影所が生き残ることができたのは、経営を引き締め、大衆娯楽に徹し続け、〈任俠〉〈ポルノ〉〈映画村〉〈テレビ時代劇の量産〉と、なりふり構わずに転身を続けていったからにほかならない。「何を作るか」にこだわるのではなく、「とにかく作り続けること」にこだわり続けたから生き残ったのである。その根底には撮影所そのものへの愛着、そして、そこで働く苦楽をともにする仲間たちのつながりがあった。

翁長孝雄は次のような岡田茂の言葉を座右の銘としていまも胸に刻み続けている。

「映画は祖業だ。これをつぶしたらアカン。会社の何もかもは映画から派生するんだ」

東映京都撮影所の活気。それは「作るしか能のない会社」の生き様そのものであった。

おわりに

中学、高校と、よく学校をサボっては家で昼の再放送枠「時代劇アワー」（テレビ東京）を見ていた。『必殺』『紋次郎』『影の軍団』……。本書に登場する時代劇の多くには、そこで出会っている。筆者は二〇〇八年現在で三一歳。こうした作品には、もちろんリアルタイムで接してはいない。それでも十分に面白かった。現在進行形のエンタテイメントとして、筆者の心をつかんで放さなかったのである。

その後、大学院に進学して時代劇を本格的に研究することになり、「時代劇アワー」で出会った一連の作品をテーマに選んだ。だが、先行する研究のほとんどは映画全盛期に製作された時代劇に関するものばかりで、こうした七〇年代以降の作品、特にテレビ時代劇に関しては不明なことがあまりに多かった。

「それなら、すべて自分の足で調べよう」

そう思い立った矢先、幸いにも『鬼平犯科帳』などのプロデューサーであるフジテレビの能村庸一氏の知己を得ることができ、京都の各撮影所を取材させていただくことになった。映像京都のスタッフの方々に始まり、松竹、京都映画、そして東映。可能な限り、当事者の方々から当時の話を取材して回った。

そして、知ることになる。かつて筆者を感動させてくれた一連の作品は、京都での「時代劇の灯」を守るため、スタッフたちが命を賭けて作り上げた結晶だということを。取材させていただいた方々は誰も皆、それぞれ時代劇に強い思い入れを抱いており、そこには映し出される作品に負けない、いやそれ以上に熱いドラマがあった。

彼らの思いを知ってもらいたい。そして（おこがましく書かせてもらえば）、映画史の陰になっていた彼らの功績を後世に残したい。そんな思いに駆られて書いたのが本書である。

なお、本書の原稿は、実は二〇〇六年夏に書き終えたものだ。そのため、「東映京都撮影所の活気」とハッピーエンド的に本文を締めているが、二〇〇八年現在では事態は大きく変わっている。

東映、松竹という京都の両撮影所から「活気」は薄れ、閑散とした状態が見られるようになった。テレビ東京を除く民放各局から連続テレビ時代劇枠が消え、残された数少ない時代劇も、東京で製作されることが多くなった。それにより、京都での製作本数は致命的なほどに激減してしまったのである。

ただ、逆風ばかりではない。松竹は立命館大学との産学共同プロジェクトで撮影所施設を大幅に整備し、二〇〇九年一月からは、テレビ朝日系金曜九時の枠で『必殺仕事人』を復活させる。また、『鬼平犯科帳』もスペシャルとして継続されることになった。映像京都はフジテレビとの共同で、ある名作時代劇のリメイクに向けて動いている。東映もまた、時代劇の復権に向けて京都の立て直しに懸命になっており、巻き返しの準備を着々と進めている。

各社の人材交流も、活発に行われるようになった。象徴的なのは、二〇〇八年一〇月に放映されたスペシャル時代劇『柳生一族の陰謀』（テレビ朝日）だ。製作したのは東映京都撮影所だが、山下智彦監督や浜名彰カメラマンを始めとする映像京都のスタッフたちが数多く名を連ねている。厳しい状況の中、それぞれに手を携え合いながら、京都での時代劇製作に臨んでいるのである。

苦しい現状には違いないが、復興に向けての気運は高まりつつある。「時代劇の灯」は京都から消えるのか、残るのか。いまはまさにその正念場なのである。

先日、カメラマンの森田富士郎氏からお手紙で次のようなお言葉をいただいた。

「所詮映画は手作り。人材が欠乏すれば終わりです。私達の時代は月給を貰って勉強出来たわけです。メジャー系製作が殆ど消え失せ、不定期雇用、契約（フリー）で食いつなぐスタッフにリッチは程遠く生活に余裕がありません。次世代が育つ環境への警鐘を打ち鳴らしていただきたく思います」

それは、京都での映画作りに人生のすべてを捧げてきた職人の、痛切なる叫び声だった。

森田氏だけではない。思えば、取材を通して様々な方々からいただいた言葉のなかには、映画史の表舞台に出なくとも見事な仕事をしてきた職人たちの確たる生き様があった。

本書を通じて京都での時代劇製作に賭けてきた人々の熱い思いをお伝えすることで、一人でも多くの方に撮影所と職人たちを中心とした京都の豊潤な時代劇文化を知っていただき、微力でもその復興の一助となれれば、このうえない幸せである。

最後に、取材にご協力いただいた皆様、そして集英社の倉林徹夫氏、同新書編集部の梶屋隆介氏、千葉直樹氏、関係者各位のお力添えに心からお礼を申し上げたい。

二〇〇八年一二月

文庫版あとがき

時代劇は死なず！

――この言葉が、好きだった。筆者の時代劇に対する想いが、そこに凝縮されているように思えたからだ。

だが、今は虚しい響きと共に残酷に突き刺さってくる。このタイトルを口に発する度、「そんな風に熱く言いきれた時が、まだあったんだよなあ……」と、もはや現在進行形では成り立たない、過去形の言葉になっていることに気づかされるからだ。

本書の元になった新書は二〇〇八年一二月、集英社から刊行された。筆者にとって、初めての著作である。売れ行きは決して芳しいものではなかったが、他の著作が刊行される度に併せてお買い求めくださる方が少なからずいたようで、二〇一三年の終わりには版元の在庫は無くなっていた。だからといって、集英社に増刷の動きは見られなかった。そして、書店から姿を消すことになる。

復刊に関しては、書店員さん方や読者の皆様からの要望もあった。そして何より、筆者には大事なデビュー作だ。タイトルも含め、愛着は一入の作品である。だから、ほとんど人の目にも留まらない状況になってしまったことは、何とも寂しかった。

そこで、河出書房新社さんに文庫化を頼み込んだところ、ご了承をいただき、今回の復刊という運びになった。文庫なら新書に比べてページ数の制限は少ない。そのため、新書版ではカットになったエピソードや、その後の取材で明らかになった事実なども、改めて盛り込むことができている。

先に他の著作を読まれた後で本書を初めて開いた方は戸惑われるかもしれない。というのも、『天才 勝新太郎』（文春新書）や『あかんやつら』（文藝春秋）といった作品と内容が重なる部分が少なからずあるからだ。

それもそのはずで、実は全ての著作の原点が本書なのだ。

『天才 勝新太郎』は、本書に記された勝新太郎についての箇所を面白がってくださった方の提案が企画の発端になっていて、それを土台に勝の人生全体の物語へと膨ませていった作品。また、『あかんやつら』は、「斜陽期にテレビに行かずに映画界に残った東映京都撮影所スタッフの物語」、つまり本書とは「ストーリー分岐した、もう一つの選択肢」という、表裏一体の関係だ。そのため、いずれの本にも本書と重複した記述が少なからずある。

今回の復刊に際して、そうした重複する箇所は内容を大きく変えるという考えもあった。だが、全てはここから始まっていることを読者の皆様にご理解いただきたかったし、なにより、執筆当時の想いはそのままに記して刊行したいという気持ちも強く、新たな加筆部分はあるものの、新書で記した文章に関してはほとんど手を入れなかった。そのために、内容的な重複が生じてしまっていることは、ご容赦願いたい。


復刊に向けての作業に当たり思い知らされたのは、六年という歳月の長さだ。

京都の時代劇製作を取り巻く状況も、この六年で大きく変わってしまった。新書版あとがきにも記したが、新書を執筆した二〇〇六年から刊行した二〇〇八年の間に状況は一気に悪化していた。が、それでも最後は希望を含ませた書き方にしてある。当時、嫌な兆候はすでにあったが、それでも最後は「死なず！」と言い切りたかった。状況に抗おうという、せめてもの切なる願いだった。

が、今はもう「死なず！」などとは白々しく言えない。東映京都撮影所では、時代劇はほとんど作られていない。松竹は池波正太郎モノやＮＨＫ時代劇などで命脈を保っているが、「京都映画」という会社自体はなくなり、現在は「松竹映画撮影所」として独立性の弱い組織になっている。

そして、映像京都は二〇一〇年八月、解散した。

「映画からテレビへ向かっていった人々の戦いがあったからこそ、時代劇は京都で今も生き続けている」

それが、本書のテーマだ。だがこの六年の間に、京都は戦いに敗れた。時代劇も、敗れた。「時代劇は死なず！」そんな悠長なことを言っていられる状況では、全くなくなっている。

そして、取材にご協力いただき、京都での時代劇製作の未来を切り開くためにご尽力された「本書の主人公たち」がこの間に、数多く鬼籍に入られてしまった。『新選組血風録』『素浪人月影兵庫』を企画した上月信二さん、『月影兵庫』のメインライター・森田新さん、『月影兵庫』『銭形平次』を監督した荒井岱志さん、映像京都の照明技師・中岡源権さん、同じくカメラマンの森田富士郎さん、「必殺」シリーズを企画した山内久司さん、東映京都撮影所の「軍師」渡邊達人さん……。

本書に登場する、時代劇を生き残らせるために戦った組織も人も、もはや「過去」の存在となってしまった。「今に繋がるサバイバルの闘い」を描いたつもりでいたが、結果として「失われてしまった、古き良き時代」を記録しただけの作品になってしまったのかもしれない。そうなると、このタイトルはもう合わないのかもしれない。

それでも、復刊に当たってタイトルを変えたくはなかった。

現在の、そして未来の時代劇に携わる人々が、時代劇を復活させるための糧として本書を少しでも役立てて欲しい。ただの過去へのノスタルジーとして消費してほしくはない。二〇〇八年、苦しい時代劇状況を見つめながら、そんな想いを込めてこのタイトルをつけた。その想いだけは、六年経った今も変わることはない。ならば、たとえそれが空しい遠吠えだとしても、今あえて世間にぶつけてみたいと思った。

「時代劇は死なず！」と――。


最後に、今回の復刊を快く引き受けてくださった河出書房新社の編集担当・岩崎奈菜さん、そして一介の大学院生に過ぎなかった筆者の取材に応じ、その後の研究活動を支えてくださった皆様に、心よりの御礼を申し上げたい。

「時代劇は死なず！」

再び、胸を張ってそう言える日が訪れることを祈りつつ――

二〇一四年一一月　　春日太一

取材者・協力者一覧（五〇音順・敬称略）

荒井岱志、石原興、井上昭、井上茂、翁長孝雄、小野田嘉幹、角谷優、加藤哲夫、神先頌尚、高坂光幸、上月信二、斎藤光正、佐々木勇、佐生哲雄、真田正典、重村一、白川文造、園井弘一、高岩淡、高橋久仁男、田口耕三、鳥居元宏、中岡源権、中路豊隆、中村努、中本逸郎、西岡善信、西村維樹、野崎八重子、能村庸一、原田眞治、早坂暁、林利夫、松尾正武、松平乗道、美間博、宮島正弘、森田新、森田富士郎、矢田行男、山内久司、山本吉應、横田安正、吉田剛、渡邊達人

参考文献一覧

NHK編『日本放送史』
テレビガイド編『テレビドラマ全史』
TBS社史編集部編『東京放送のあゆみ』
ANB社史編纂部編『テレビ朝日社史』
松竹編『松竹百年史』
東映編『クロニクル東映』

東映太秦映画村映画資料館『東映京都・テレビ映画25年』
東映京都スタジオ『映画村20年の歩み』
フジテレビジョン旧友会編『フジテレビ回想文集』
フジテレビ編成局調査部編『タイムテーブルからみたフジテレビ35年史』
能村庸一『実録 テレビ時代劇史　ちゃんばらクロニクル1953–1998』東京新聞出版局、一九九九年
永田哲朗『殺陣　チャンバラ映画史』現代教養文庫、一九九三年
佐藤忠男、吉田智恵男『チャンバラ映画史　尾上松之助から座頭市まで』芳賀書店、一九七二年
山内久司、山田誠二『必殺シリーズを創った男　カルト時代劇の仕掛人、大いに語る』洋泉社、一九九七年
結束信二『「新選組血風録」シナリオ集』新人物往来社、二〇〇一年
八尋不二『百八人の侍　時代劇と45年』朝日新聞社、一九六五年
『東映太秦映画村　時代劇映画のふるさと全ガイド』美術出版社、一九九七年
高田宏治、西谷拓哉『高田宏治　東映のアルチザン』カタログハウス、一九九六年
田中純一郎『日本映画発達史』全五巻　中公文庫、一九七五〜七六年

佐藤忠男『日本映画史　増補版』全四巻　岩波書店、二〇〇六〜〇七年
岡田晋『日本映画の歴史　その企業・技術・芸術』ダヴィッド社、一九六七年
『撮影監督・宮川一夫の世界　光と影の映画史』キネ旬ムック、二〇〇〇年
山口猛編『映画美術とは何か　美術監督・西岡善信と巨匠たちとの仕事』平凡社、二〇〇〇年
星川清司『カツドウヤ繁昌記　大映京都撮影所』日本経済新聞社、一九九七年
大下英治『映画三国志　小説東映』徳間書店、一九九〇年
野沢一馬『剣　三隅研次の妖艶なる映像美』四谷ラウンド、一九八八年
市川崑、森遊机『市川崑の映画たち』ワイズ出版、一九九四年
深作欣二、山根貞男『映画監督　深作欣二』ワイズ出版、二〇〇三年
映演総連、大映労働組合編『ふたたび不死鳥は翔ぶ　経営再建・映画復興への挑戦』労働旬報社、一九七九年
中村敦夫『俳優人生　振り返る日々』朝日新聞社、二〇〇〇年
萬屋錦之介『わが人生　悔いなくおごりなく』東京新聞出版局、一九九五年
渡邊達人『私の東映30年』私家版、一九九一年
岡田茂『悔いなきわが映画人生　東映と、共に歩んだ50年』財界研究所、二〇〇一年

里見浩太朗『ゆっくりと一歩　駆けずの浩太朗半生の記』日本テレビ、一九九二年
『別冊テレビジョンドラマ　新選組血風録・燃えよ剣』放送映画出版、一九八七年
『別冊太陽　勝新太郎』平凡社、一九九八年
『キネマ旬報』『映画評論』『映画芸術』『テレビドラマ』各バックナンバー

資料提供（五〇音順・敬称略）

井上昭、翁長孝雄、上月信二、佐々木勇、能村庸一、松平乗道、森田富士郎、山本吉應、渡邊達人、映像京都株式会社

解説

縄田一男

二〇一四年十月二十七日、都内某所で第二十六回大衆文学研究賞の授賞式が行われた。その〈大衆文化部門〉の栄誉に輝いたのが、春日太一君の『あかんやつら――東映京都撮影所血風録』だった。

現在、大衆文学研究会の会長は、不肖、私、縄田一男がつとめており、春日君は、副会長の関係にある。ために、彼は受賞を固辞していたのだが、受賞作の内容に何ら問題はなく、むしろ、時代劇をはじめとする映画史家、春日君の初期代表作となるのは確実で、同じ副会長である末國善己君と私が縷々説得して、ようやく彼も納得、授賞に漕ぎつけたのであった。

意外なことに、受賞のスピーチをする春日君の顔は晴れやかだったが、スピーチそのものは決して尋常一様のものではなかった。

春日君はいっていた――「私は色々なものから逃げ出すばかりの人生を送って来て、

大学受験の折も途中から退席して帰ってしまうような人間で……」

私は、一瞬、耳を疑った。いま、飛ぶ鳥を落とす勢いで次々に著作を発表している春日君にそんな過去があったとは――。

そして思い出したのが、本書の〈おわりに〉に記されていた、

中学、高校と、よく学校をサボっては家で昼の再放送枠「時代劇アワー」（テレビ東京）を見ていた。

という一文であった。

一見、楽し気に書かれているようなあの文章には、そんな思いが込められていたのか。春日君がその放送枠で見ていたのは『必殺』『紋次郎』『影の軍団』等の再放送で、恐らくは、そうしたドラマが彼の心の支えだったのだろう。

そして彼のスピーチは続く――「大学に入って、時代劇を本格的に研究するに当たって、フジテレビの『鬼平』『剣客』等のプロデューサー、能村庸一さんの京都のマンションに転がり込んで、さまざまな取材をさせていただけるようになりました」。

奇しくも、その能村庸一氏も、過去に『実録　テレビ時代劇史　ちゃんばらクロニ

クル 1953–1998』で大衆文学研究賞を受賞しており、氏の喜びもひとしおだったのではあるまいか。

さらにいえば、私はその能村氏とともに、池波作品のプロデュースを一手に手がけていた市川久夫氏（故人）に、古い映画をよくみているね、と随分可愛がってもらった経験があり、奇縁という他はない。

とまれ、その夜の授賞式は、盛況のうちに終わったが、本書『時代劇は死なず！』についての思い出を記せば、私は、この一巻を書店で見るや、興奮してこれを買い求め、

一九七七年生まれの著者が、関係者からの入念な聞き書きがあったとはいえ、よくぞここまで時代劇の過去、現在、そして未来に向って正鵠を得た評言を成し得たものと、感服することしきり。私は好漢、春日太一の仕事を全面的に支持したい。

と、その興奮が醒めやらぬまま書評の筆をとったことを昨日のことのように記憶している。そして、あろうことか、担当編集者に電話をかけ、春日君にぜひとも会わせ

てくれとせがみ、九段下の料理屋で食事をすることになった。

初対面の春日君は、幾分、緊張されていたのか、その日は互いに充分、時代劇の話をし尽くしたとはいえなかったが、その物静かで知的な表情は私に深い印象を残した。今では、その表情に時折、疲労の色をにじませていることがあるが、彼のような実力派のところに仕事がどんどんくるのは結構なことではないか。

そして本書の副題に、〝京都太秦の「職人」たち〟とある。スターではなく、まず、裏方の方、すなわち、縁の下の力持ちへ春日君の思いが行ったというのは、前述の春日君の暗い心情とどこかで結びついていたのかもしれない。

が、これはあくまでも私の想像だ。

裏方は、映画づくりにとっては絶対欠かせない存在であるにもかかわらず、スターよりも確実に弱い立場にある。

私は、池上金男氏（故人＝後の池宮彰一郎）と、晩年親しくさせていただいたが、氏によれば、東映が時代劇路線から任侠路線に変わる時、故・岡田茂会長が、俳優からスタッフ一人一人を呼んで、東映を去るか残るかを問うたという。

池上氏はいう――「で、私は去る方を選んだわけですが、岡田さんは、また時代劇ブームが来れば、スターは金で呼び戻せるというんですよ。しかし、美術や大道具、小道具の人たちはそういかない。食えないから、結局、転職してしまうんです」。

だから、私などは、本書の映像京都誕生のくだりを読むと、涙が止まらない。

さて、色々と繰り言を述べてきたが、何しろ、これは映画、TVドラマの本である。しかも文庫化に当たって、うれしいほど加筆されており、ちょうど時代劇映画がTVへ移行しようという転機が見事にとらえられている。多少なりとも興味を抱いた方は、DVDやBS、CS等で、これらの作品を見ることをお勧めする。

たとえば、五社英雄の『三匹の侍』等は肉を斬る擬音を入れただけではない。内容は、百姓の水争いや娘の身売りといった暗いものが多く、ドラマは矛盾を抱えたまま終わる。時正に戦後の高度経済成長期、このドラマは、私たちは権力者から日本に貧困や差別がなくなったと偽装されているんだ、ということを見事に告発しているのである。

そして春日君は、二〇一四年、本書とは、まるで正反対の一巻を刊行した。

それが『なぜ時代劇は滅びるのか』である。

この作品は、私が春日君と能村氏の共著『時代劇の作り方』で、「時代劇が死に切れないで苦しんでいるならば、いっそ自分の手でひと思いに——という幻想を幾度も抱いたことがある」と書いたことに対する回答として書かれたそうだ。

もはや、完全に脳死状態に入った時代劇の現状を、愛すればこそ厳しく分析、その心の底から愛してやまない時代劇がこのままでは滅びの道を辿ることを、かくも正確に検証するとは——。

しかも、春日君が望んでいることは、スターや裏方の人たちがこの一巻に奮起して、己れを袋叩きにするような素晴らしい時代劇を作ることなのだから。

もし、それが成ったなら、君一人を行かせやしない。時代劇を批判した戦犯として、共に犠牲の祭壇に登ろうではないか。

友よ、その日が来るまで、私たちは書くことをやめるわけにはいかないのだから。


（なわた・かずお　評論家）

本書は、集英社新書より二〇〇八年一二月に
刊行された作品に加筆の上文庫化したものです。

時代劇《じだいげき》は死《し》なず！　完全版《かーぜんばん》
京都太秦《きょうとうずまさ》の「職人《しょくにん》」たち

二〇一五年　二　月二〇日　初版発行
二〇一五年　三　月三〇日　3刷発行

著　者　春日太一《かすがたいち》
発行者　小野寺優
発行所　株式会社河出書房新社
〒一五一-〇〇五一
東京都渋谷区千駄ヶ谷二-三二-二
電話〇三-三四〇四-八六一一（編集）
〇三-三四〇四-一二〇一（営業）
http://www.kawade.co.jp/

ロゴ・表紙デザイン　粟津潔
本文フォーマット　佐々木暁
本文組版　KAWADE DTP WORKS
印刷・製本　凸版印刷株式会社

Printed in Japan ISBN978-4-309-41349-5

大坂の陣　豊臣氏を滅ぼしたのは誰か

相川司　41050-0

関ヶ原の戦いから十五年後、大坂の陣での真田幸村らの活躍も虚しく、大坂城で豊臣秀頼・淀殿母子は自害を遂げる。豊臣氏を滅ぼしたのは誰か？戦国の総決算「豊臣 VS 徳川決戦」の真実！

龍馬を殺したのは誰か　幕末最大の謎を解く

相川司　40985-6

幕末最大のミステリというべき龍馬殺害事件に焦点を絞り、フィクションを排して、土佐藩関係者、京都見廻組、新選組隊士の証言などを徹底検証し、さまざまな角度から事件の真相に迫る歴史推理ドキュメント。

完本 聖徳太子はいなかった　古代日本史の謎を解く

石渡信一郎　40980-1

『上宮記』、釈迦三尊像光背銘、天寿国繡帳銘は後世の創作、遣隋使派遣もアメノタリシヒコ（蘇我馬子）と『隋書』は言う。『日本書紀』で聖徳太子を捏造したのは誰か。聖徳太子不在説の決定版。

綺堂随筆 江戸っ子の身の上

岡本綺堂　40669-5

江戸っ子の代表助六の意外な身の上話。東京が様変わりした日清戦争の記憶、従軍記者として赴いた日露戦争での満州の体験……。確かな江戸の知識のもとに語る情趣あふれる随筆選。文庫オリジナル。

天皇の国・賤民の国　両極のタブー

沖浦和光　40861-3

日本列島にやってきた諸民族の源流論と、先住民族を征圧したヤマト王朝の形成史という二つを軸に、日本単一民族論の虚妄性を批判しつつ、天皇制、賤民、芸能史、部落問題を横断的に考察する名著。

大化の改新

海音寺潮五郎　40901-6

五世紀末、雄略天皇没後の星川皇子の反乱から、壬申の乱に至る、古代史黄金の二百年を、聖徳太子、蘇我氏の隆盛、大化の改新を中心に描く歴史読み物。『日本書紀』を、徹底的にかつわかりやすく読み解く。

新名将言行録

海音寺潮五郎　40944-3

源為朝、北条時宗、竹中半兵衛、黒田如水、立花宗茂ら十六人。天下の覇を競った将帥から、名参謀・軍師、一国一城の主から悲劇の武人まで。戦国時代を中心に、愛情と哀感をもって描く、事跡を辿る武将絵巻。

蒙古の襲来

海音寺潮五郎　40890-3

氏の傑作歴史長篇『蒙古来たる』と対をなす、鎌倉時代中期の諸問題・面白さを浮き彫りにする歴史読物の、初めての文庫化。国難を予言する日蓮、内政外政をリードする時頼・時宗父子の活躍を軸に展開する。

新選組全隊士徹底ガイド　424人のプロフィール

前田政紀　40708-1

新選組にはどんな人がいたのか。大幹部、十人の組長、監察、勘定方、伍長、そして判明するすべての平隊士まで、動乱の時代、王城の都の治安維持につとめた彼らの素顔を追う。隊士たちの生き方・死に方。

文、花の生涯

楠戸義昭　41316-7

2015年NHK大河ドラマの主人公・文。兄吉田松陰、夫久坂玄瑞、後添え楫取素彦を中心に、維新回天の激動期をひとりの女がどう生き抜いたかを忠実に描く文庫オリジナル。

山本八重

楠戸義昭　41181-1

2013年NHK大河。山本八重（新島八重）は、幕末の会津藩鉄砲師範の家に生まれた。戊辰戦争で鶴ヶ城に籠もって参戦、そのご京都へ出、夫襄とともにキリスト者として生きる。

信長は本当に天才だったのか

工藤健策　40977-1

日本史上に輝く、軍事・政治の「天才」とされる信長。はたして実像は？その生涯と事績を、最新の研究成果をもとに、桶狭間から本能寺の変まで徹底的に検証する。歴史の常識をくつがえす画期的信長論。

軍師 直江兼続

坂口安吾 他　40933-7

関ヶ原合戦の鍵を握った男の本懐。盟友石田三成との東西に分かれての挟撃作戦の実態は？　家康との腹の探り合いは？　戦後米沢藩の経営ぶりは？　作家たちが縦横に描くアンソロジー。

江 浅井三姉妹の生涯と戦国

坂本優二　41057-9

戦国時代の激動を生きた江をはじめとする浅井三姉妹の数奇な運命。謎の生涯を史料・手紙から解き明かし、その肉声を甦らせる！　信長・秀吉・家康らとの逸話やエピソード満載の書き下ろし「江」ガイド。

弾左衛門とその時代

塩見鮮一郎　40887-3

幕藩体制下、関八州の被差別民の頭領として君臨し、下級刑吏による治安維持、死牛馬処理の運営を担った弾左衛門とその制度を解説。被差別身分から脱したが、職業特権も失った維新期の十三代弾左衛門を詳説。

賤民の場所 江戸の城と川

塩見鮮一郎　41052-4

徳川入府以前の江戸、四通する川の随所に城郭ができる。水運、馬事、監視などの面からも、そこは賤民の活躍する場所となる。浅草の渡来民から、太田道灌、弾左衛門まで。もう一つの江戸の実態。

お江のすべて　徳川二代将軍夫人になった戦国の姫君

清水昇　41046-3

織田信長の妹お市の方が浅井長政との間にもうけた三姉妹の末子お江。その生誕から、小谷城落城、家康の後継秀忠との婚姻、実子家光をめぐる春日局との抗争まで。

江戸の都市伝説　怪談奇談集

志村有弘〔編〕　41015-9

あ、あのこわい話はこれだったのか、という発見に満ちた、江戸の不思議な都市伝説を収集した決定版。ハーンの題材になった「茶碗の中の顔」、各地に分布する飴買い女の幽霊、「池袋の女」など。

決定版 日本剣客事典

杉田幸三　40931-3

戦国時代から幕末・明治にいたる日本の代表的な剣客二百十九人の剣の流儀・事跡を徹底解説。あなたが知りたいまずたいていの剣士は載っています。時代・歴史小説を読むのに必携のガイドブックでもあります。

伊能忠敬　日本を測量した男

童門冬二　41277-1

緯度一度の正確な長さを知りたい。55歳、すでに家督を譲った隠居後に、奥州・蝦夷地への測量の旅に向かう。艱難辛苦にも屈せず、初めて日本の正確な地図を作成した晩熟の男の生涯を描く歴史小説。

軍師　黒田如水

童門冬二　41252-8

天下分け目の大合戦、戦国一の切れ者、軍師官兵衛はどう出るか。信長、秀吉、家康の天下人に仕え、出来すぎる能力を警戒されながらも強靭な生命力と独自の才幹で危機の時代生き抜いた最強のNo.2の生涯。

平清盛をあやつった女たち

長尾剛　41108-8

歴史は女で作られる——男には、支え、守り、騙す女の影があった。祇園女御、池禅尼、白拍子・妓王……、平清盛をめぐる華麗で壮絶な女のドラマの数々。書き下ろし。

吉田松陰

古川薫　41320-4

2015年NHK大河ドラマは「花燃ゆ」。その主人公・文の兄が、維新の革命家吉田松陰。彼女が慕った実践の人、「至誠の詩人」の魂を描き尽くす傑作小説。

岡倉天心

松本清張　41185-9

岡倉天心生誕一五〇年・没後一〇〇年・五浦六角堂再建！　数々の奇行と修羅場、その裏にあった人間と美術への愛。清張自ら天心の足跡をたどり新資料を発掘し、精緻に描いた異色の評伝。解説・山田有策。

軍師の境遇

松本清張 41235-1

信長死去を受け、急ぎ中国大返しを演出した軍師・黒田官兵衛。だが、その余りに卓越した才ゆえに秀吉から警戒と疑惑が身にふりかかる皮肉な運命を描く名著。2014年大河ドラマ「軍師官兵衛」の世界。

信玄軍記

松本清張 40862-0

海ノ口城攻めで初陣を飾った信玄は、父信虎を追放し、諏訪頼重を滅ぼし、甲斐を平定する。村上義清との抗争、宿命の敵上杉謙信との川中島の決戦……。「風林火山」の旗の下、中原を目指した英雄を活写する。

幕末の動乱

松本清張 40983-2

徳川吉宗の幕政改革の失敗に始まる、幕末へ向かって激動する時代の構造変動の流れを深く探る書き下ろし、初めての文庫。清張生誕百年記念企画、坂本龍馬登場前夜を活写。

赤穂義士 忠臣蔵の真相

三田村鳶魚 41053-1

美談が多いが、赤穂事件の実態はほんとのところどういうものだったのか、伝承、資料を綿密に調査分析し、義士たちの実像や、事件の顛末、庶民感情の事際を鮮やかに解き明かす。鳶魚翁の傑作。

徳川秀忠の妻

吉屋信子 41043-2

お市の方と浅井長政の末娘であり、三度目の結婚で二代将軍・秀忠の正妻となった達子（通称・江）。淀殿を姉に持ち、千姫や家光の母である達子の、波瀾万丈な生涯を描いた傑作！

黒田官兵衛

鷲尾雨工 41231-3

織田方に付くよう荒木村重を説得するため播磨・伊丹城に乗り込んだ官兵衛。だが不審がられ土牢に幽閉されるも、秀吉の懐刀として忠節を貫いた若き日の名軍師。2014年大河ドラマ「軍師官兵衛」の世界。